당신은 **3분 후** 아래에 있는

'네이티브가 매일 쓰는 5문장'을

평생 영어로 기억할 수 있게 됩니다.

"나 할 말 있어."

"전화하려던 참이었어요."

"무슨 일이야?"

"별일 아니야."

"말해봐."

QR코드를 스캔해서
나오는 영상을 그냥 보면 됩니다.

'배트면 영어회화'는
다양한 속도의 음성으로 **청각 기억처 echo memory** 를
강렬한 이미지로 **시각 기억처 icon memory** 를
동시 자극하여 3분 동안 5문장을
총 100회 접하도록 설계했습니다.

멍 때리고 있어도 괜찮습니다.
외우려고 애쓰지 않아도 됩니다.
그저 **귀**와 **눈**을 열고만 있으면
자동으로 영어를 말할 수 있게 되니까요.

삼삼은 구

한번 외우면 언제 어디서나
자동으로 튀어나오고 평생 기억하는

구구단처럼

'배트면 영어회화' 는

영어를 평생 기억 하고
말할 수 있도록 만든

영어 세뇌 훈련 프로그램 입니다.

배트면 영어회화
하루 3분 영어 세뇌의 기적,
지금 확인하세요!

Ready?

배트면 영어회화

3분에 5문장씩 무조건 입에서 나온다!

배트면 영어회화
Brainwashing English

초판 1쇄 발행 · 2016년 7월 20일
초판 2쇄 발행 · 2016년 7월 30일

지은이 · 박지윤(Ally)
발행인 · 김경숙
발행처 · 길벗 이지톡
출판사 등록일 · 2000년 4월 14일
주소 · 서울시 마포구 월드컵로 10길 56(서교동)
대표 전화 · 02)332-0931 | **팩스** · 02)338-0388
홈페이지 · www.eztok.co.kr | **이메일** · eztok@gilbut.co.kr

책임 편집 · 임명진(jinny4u@gilbut.co.kr) | **디자인** · 박수연 | **제작** · 이준호, 손일순
영업마케팅 · 박성용, 김학흥 | **영업관리** · 김명자, 심선숙 | **독자지원** · 송혜란

원고진행 및 교정교열 · 강윤혜 | **전산편집** · 조영라 | **일러스트** · 최정을
녹음편집 · 와이알미디어 | **CTP출력 및 인쇄** · 이펙 | **제본** · 경문제책

- 잘못된 책은 구입한 서점에서 바꿔 드립니다.
- 이 책에 실린 모든 내용, 디자인, 이미지, 편집 구성의 저작권은 길벗 이지톡과 지은이에게 있습니다.
  허락 없이 복제하거나 다른 매체에 옮겨 실을 수 없습니다.

ISBN 979-11-5924-049-2 03740 (이지톡 도서번호 000897)
정가 13,500원

이 도서의 국립중앙도서관 출판예정도서목록(CIP)은 서지정보유통지원시스템 홈페이지(http://seoji.nl.go.kr)와
국가자료공동목록시스템(http://www.nl.go.kr/kolisnet)에서 이용하실 수 있습니다. (CIP제어번호 : CIP2016014920)

독자의 1초까지 아껴주는 정성 길벗출판사

(주)도서출판 길벗 | IT실용, IT/일반 수험서, 경제경영, 취미실용, 인문교양(더퀘스트) www.gilbut.co.kr
길벗 이지톡 | 어학단행본, 어학수험서 www.eztok.co.kr
길벗 스쿨 | 국어학습, 수학학습, 어린이교양, 주니어 어학학습, 교과서 www.gilbutschool.co.kr

페이스북 · www.facebook.com/gilbutzigy
트위터 · www.twitter.com/gilbutzigy

**3분에 5문장씩
무조건 입에서 나온다!**

배트면 영어회화

박지윤(Ally) 지음

머리말

To. 영어를 어디서부터 어떻게 시작해야 할지 몰랐던
     그날의 나와 같은 분들에게

단어 외우기가 고역이었던 저는 20살까지 영어를 싫어했습니다. 당연히 영어 성적은 좋지 않았죠. '글로벌 시대이니 영어학원이라도 다니라'는 선생님의 말씀을 듣고, 고등학교 졸업 후 20살에 학원에 다니기 시작한 것이 저의 영어 첫걸음입니다. 1주일에 5일, 매일 첫차를 타고 회화 수업을 들으며 배웠습니다. 그러나 1년을 꼬박 학원을 다녔음에도 학창시절 배운 How are you?, What did you do yesterday? 정도의 말만 들릴 뿐 여전히 단어 몇 개 나열하는 왕초보 수준에서 벗어나지 못했습니다.

대학생들을 해외 인턴으로 보내는 붐이 시작되었던 21살, 저는 보스턴 Natick의 한 사설 대학 방송국에 인턴 자리를 얻어 미국으로 떠났습니다. 당시 제 영어 실력은 의사소통이 거의 불가능한 수준이었지만 인턴 지원자가 미달이었던 관계로 얼결에 미국에 가게 되었죠. 그래서 갑자기 드라마틱하게 미국으로 건너가 영어의 고수가 되었다는 성공 스토리라도 있었냐고요? 전혀 아닙니다.

영어는 어렵고 싫어
부족한 영어 때문에 실패와 좌절을 맛보다

비행기에서 내린 순간부터 소통 불가로 모든 것이 꼬이기 시작했습니다. 제가 가기로 했던 방송국은 타운을 다 뒤져도 존재하지 않았고, 밥 한 끼 제대로 사먹지 못한 채 졸지에 불법 체류자가 될 처지가 되었죠. 딸이 걱정되어 미국 땅까지 따라오신 어머니를 붙들고 얼마나 울었는지 모릅니다. 그제야 저는 영어가 절실해졌습니다. 며칠 후 어머니는 한국에 들어가셨고, 저는 실패감과 좌절감으로 보스턴 근교의 시골 학교에 숨었습니다. 그 상황에서 도저히 한국에 돌아갈 용기가 없었거든요.

두 달 동안 영어도 한국어도 못하고 꿀 먹은 벙어리처럼 살았습니다. 오로지 듣는 것만 했죠. 그런데 신기한 일이 생겼습니다. 국제학교다 보니 외국 학생이 많았고 기숙사와 캠퍼스에서 함께 시간을 보내는 이들은 미국인이 아닌 타국 학생들이었습니다. 그들은 미국에서 살면서 2~3년간 배우고 훈련한 영어로 생활하고 있었죠. 카페테리아에서, 화장실에서, 교실에서, 최소한의 소통어로 살고 있는 타국 학생들이 그 말들을 하기까지는 분명 어학원을 다니며 2~3년의 시간이 걸렸습니다. 그런데 말하려고 애쓰지 않고 듣기만 했던 2개월 동안 그들이 어렵게 습득한 말들이 저의 뇌에 꽂히기 시작했습니다. 그렇게 머릿속에 들어온 말을 입으로 뱉어보았더니 놀랍게도 영어로 대화가 되기 시작했습니다.

꿀 먹은 벙어리, 영어 말문 터지다
2개월 만에 어학연수 2~3년 영어를 뇌에 꽂다

그리고 미국 생활 6개월 만에 저는 신입생들이 학교에 정착하는 것을 돕고, 미국 매니저들과 외국 학생들 간에 의견을 조율하고 소통을 돕는 일도 할 수 있게 되었습니다. 10개월, 제가 미국에서 생활한 시간입니다. 원래 영어를 잘했던 사람이 아니라 꿀 먹은 벙어리로 시작했음을 감안한다면 짧은 기간 놀라운 변화였습니다. 지금의 저는 영어로 의사소통은 물론, 남에게 영어를 가르칠 정도의 실력과 자신감을 갖출 수 있게 되었습니다.

12년간 영어를 가르치면서 과거의 저처럼 영어 때문에 힘들어하는 많은 분들을 만났습니다. 그분들이 **더 이상 시행착오 없이 최소의 노력으로 최대한의 효과를 거둘 수 있는 영어 훈련법**을 꼭 알려드리고 싶었습니다. 시간, 에너지, 무엇보다 소중한 열정을 낭비하지 않도록 말이죠. 그래서 좌충우돌했던 저의 지난 경험, 12년의 영어 강의 노하우를 바탕으로 자료를 수집하고 연구에 연구를 거듭했습니다. 그리고 **단 6시간에 어학연수 1년의 효과를 거둘 수 있는 획기적인 영어 훈련법**을 개발했습니다.

《배트면 영어회화》는 다양한 속도의 음성으로 청각 기억처 echo memory를, 강렬한 이미지로 시각 기억처 icon memory를 동시 자극하여 3분 동안 5문장을 총 100회 접하도록 설계되어 있습니다. "삼삼은 구!" 한 번 외우면 언제 어디서나 자동으로 튀어나오고 평생 기억하는 구구단처럼 강력한 자극으로 영어를 평생 기억하고 말할 수 있도록 만든 영어 세뇌 훈련 프로그램입니다.

'단기간에 누가 내 머리에 영어를 집어 넣어주면 좋겠다.'는 것이 영어를 배우는 우리 어른들의 소원이죠. 바쁜 현대인들은 영어 공부에 투자할 시간이 부족합니다. 배트면 영어회화의 훈련 과정은 오랜 시간이 걸리지 않습니다. 하루에 3분, 밥 먹고 양치질하는 정도의 짧은 시간이면 충분합니다. 이 책은 3분을 영어에 투자하겠다는 의지만 있으면 누구나 할 수 있습니다.

**단 6시간이면 어학연수 2년의 효과!
하루 3분, 강력한 영어 세뇌 트레이닝**

이 책에 수록된 600여 문장은 네이티브들이 적어도 하루에 한 번은 말하는 생활회화 필수표현들입니다. 12년의 영어회화 강의 경험을 바탕으로 1,200편의 영화와 미드, 그리고 SNS, 인터넷 문서에서 표현을 선정했습니다. 그리고 Google 빅데이터를 통해 문장을 Screening하고, Naver 빅데이터에서 한국인이 궁금해 하는 문장들을 뽑아낸 다음 미국, 호주, 캐나다 등에 거주하는 20인의 네이티브들에게 검토를 거쳐 표현을 최종 확정하였습니다. 훈련을 마치고 나면, 여러분은 영화나 미드를 볼 때 들리는 말들이 생기고, 네이티브의 말을 알아듣고 대답할 수 있게 되며, 영어에 대한 자신감과 재미를 생생하게 느낄 수 있게 됩니다.

아무리 많은 표현을 알아도, 정작 필요한 상황에서 입으로 뱉을 수 없다면 무슨 소용이 있을까요? 이 책의 강력한 세뇌 훈련은 표현을 머릿속에 각인시켜 주는 것은 물론 입에서 자연스럽게 나올 수 있도록 돕습니다. 120일 후 여러분은 네이티브들이 일상에서 매일 쓰는 영어 문장을 평생 기억하고 자유자재로 꺼내어 쓸 수 있게 됩니다.

하루 3분 강력한 영어 세뇌의 힘, 여러분도 경험하세요!

박지윤 드림

For God so loved the world that he gave his one and only Son, that whoever believes in him shall not perish but have eternal life. [John 3:16]

배트면 영어회화는

1 쉽게 듣는다!

초보자가 영어를 잘 듣지 못하는 이유는, 한국어에 익숙한 뇌가 영어를 의도적으로 차단하기 때문입니다. 뇌가 영어를 인식하려면 "절대적이고 반복적인" 분량의 듣는 연습이 필요합니다. 반복재생을 누르며 영어 문장 100번 듣기를 한다면 얼마나 많은 시간이 소요되고 번거로울까요? **배트면 영어회화는 3분간 5개의 영어문장을 100번 듣도록 설계되어 있습니다. Play 버튼 한 번만 누르세요. 영어 귀가 만들어집니다.**

2 쉽게 뱉는다!

"단기간에 외국어를 익히려면 청취와 회화에 집중하고 기계적인 암기훈련이 필요하며 정확하게 말이 나올 때까지 기계적으로 반복해야 한다." 카메론 빙클리 미 국방부 언어교육원 관장의 말입니다. 배트면 영어회화는 세뇌를 통해 영어를 툭툭 뱉게 만듭니다. **이미지-소리-개념-글자를 한 번에 기계적으로 반복시켜 뇌에 꽂힌 영어가 입에서 쉽게 나오는 것을 확인하는 단계까지 장착되어 있습니다.**

3 평생 기억한다!

외운 것이 지속되려면 자극과 집중이 필수입니다. 강하고 반복적으로 뇌를 자극하면 단기 기억은 장기 기억화 됩니다. 기억되려면 소리, 이미지 개념(의미)이 동시에 뇌에 꽂혀야 합니다. **배트면 영어회화의 변속 시청각 트레이닝은 사람이 언어를 습득하는 주요 기관인 시각과 청각을 동시에 집중시키고 자극시켜 익힌 문장을 오래 기억하게 합니다.**

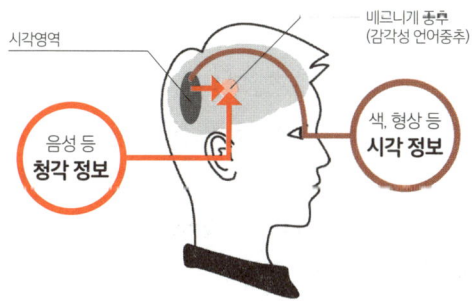

이 책을 추천합니다!

● 박현우 ●
디지털 마케팅 기업
'이노레드' 대표

우리 대부분은 평생에 걸쳐 한국어보다 영어공부를 더 많이 해왔다. 그런데 왜 내 영어실력은 아직도 이 모양일까? 이유는 간단하다. 한국어는 많이 듣고 말했고, 영어는 그럴 기회가 없었다. 저자는 한국에 살면서 한국어만 쓰는 **우리 뇌가 영어에 익숙해지기 위해서는 '강하고 반복적인' 듣고 말하기 훈련이 필요함**을 발견하고, 이 단순하고 기계적인 훈련 방법을 개발했다. 지금까지 시간이 없어서 또는 어차피 안 되니까 영어공부를 미뤄왔던 우리에게 이제 더 이상 피할 길이 없어 보인다. **단지 3분이면 가능하다. 이 책을 펴게 되면, 3분이라는 짧은 시간은 5개의 문장을 100번 듣고 말할 수 있는 골든타임으로 바뀐다.**

★ ★ ★

● 이수영 ●
영어 교육 전문 채널
'JEI English TV' 국장

'어디서부터 어떻게 영어를 다시 시작해야 할지 모르겠다'는 영포자들에게 **적극 추천**하고 싶습니다. 소리와 이미지, 그리고 임팩트 있는 메시지의 삼박자를 갖춘 TV 광고가 우리에게 일정 시간 노출되며 뇌리에 새겨져 오랫동안 기억에 남는 것처럼, 《배트면 영어회화》의 영어 세뇌 학습법은 우리의 두뇌를 활성화시키는 여러 요소들을 결합하여 어디서도 경험하지 못한 강력한 영어 학습효과를 가져올 것입니다.

★ ★ ★

● 김지예 ●
기업정보 소셜미디어
'잡플래닛' 운영이사

이미 상식이 됐지만, 기업이 중요하게 생각하는 것은 영어 점수가 아니라 실제 영어로 의사소통할 수 있는 능력입니다. 영어 면접 역시 새로운 형식이 아닌 일상에서의 자유로운 소통 능력을 판단하고 있죠. 《배트면 영어회화》는 우리가 글로만 어렴풋이 알던 표현들을 체계적인 훈련을 통해 실제로 입으로 내뱉을 수 있도록 해주네요. **구직자와 직장인들에게 최적의 영어회화 훈련서가 될 거예요.**

● **Anja Bae** ●
국제화 대안학교
'글로벌선진학교' 교사

Now everyone can learn English! "배트면" not only introduces new sentences and phrases that are fun and that will finally stick with everyone, but all expressions are also actually used in real life. Knowing the expressions will help start a conversation with and understand native speakers easily. With this book, nobody will be lost in English anymore.

이제 누구나 영어를 배울 수 있겠네요! "배트면"에서 소개하는 문장 및 구문들은 정말 재미있어서 모든 사람들의 뇌리에 쏙 박힐 뿐만 아니라, 이 표현들은 또한 우리가 실생활에서 실제 쓰는 말들입니다. 여기 소개하는 표현들을 알아두면 대화를 시작하는 데 도움이 되고, 네이티브의 말을 쉽게 이해할 수 있게 됩니다. 이 책과 함께라면, 이제 누구든 영어 때문에 헤매는 일은 없을 거예요.

★★★

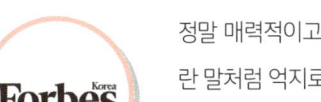

● **나권일** ●
글로벌 비즈니스 매거진
'포브스코리아' 편집장

정말 매력적이고 중독성 있는 영어회화 교재입니다! '영어 세뇌 프로그램'이란 말처럼 억지로 집중하거나 꼭 외워야 한다는 부담 없이 그냥 mp3만 들어도, 동영상만 봐도 표현들이 머릿속에 자연스럽게 들어옵니다. 1분 1초를 아껴야 하는 요즘 직장인들에게 바로 이런 영어 교재가 필요하지 않을까요? 이 책에 수록된 600여 문장은 일상생활은 물론이고 비즈니스 현장에서도 좋은 지침서가 되리라 믿습니다.

차례

기초 훈련
1일~5일

- 1일 — 020쪽
- 2일 — 022쪽
- 3일 — 024쪽
- 4일 — 026쪽
- 5일 — 028쪽
- 중간점검 1 — 030쪽

기초 훈련
6일~10일

- 6일 — 034쪽
- 7일 — 036쪽
- 8일 — 038쪽
- 9일 — 040쪽
- 10일 — 042쪽
- 중간점검 2 — 044쪽

기초 훈련
11일~15일

- 11일 — 048쪽
- 12일 — 050쪽
- 13일 — 052쪽
- 14일 — 054쪽
- 15일 — 056쪽
- 중간점검 3 — 058쪽

기초 훈련
16일~20일

- 16일 — 062쪽
- 17일 — 064쪽
- 18일 — 066쪽
- 19일 — 068쪽
- 20일 — 070쪽
- 중간점검 4 — 072쪽

기초 훈련
21일~25일

- 21일 — 076쪽
- 22일 — 078쪽
- 23일 — 080쪽
- 24일 — 082쪽
- 25일 — 084쪽
- 중간점검 5 — 086쪽

기초 훈련
26일~30일

- 26일 — 090쪽
- 27일 — 092쪽
- 28일 — 094쪽
- 29일 — 096쪽
- 30일 — 098쪽
- 중간점검 6 — 100쪽

- 기초 훈련 -
31일~35일

31일	104쪽
32일	106쪽
33일	108쪽
34일	110쪽
35일	112쪽
중간점검 7	114쪽

- 기초 훈련 -
36일~40일

36일	118쪽
37일	120쪽
38일	122쪽
39일	124쪽
40일	126쪽
중간점검 8	128쪽

- 기초 훈련 -
41일~45일

41일	132쪽
42일	134쪽
43일	136쪽
44일	138쪽
45일	140쪽
중간점검 9	142쪽

- 기초 훈련 -
46일~50일

46일	146쪽
47일	148쪽
48일	150쪽
49일	152쪽
50일	154쪽
중간점검 10	156쪽

- 기초 훈련 -
51일~55일

51일	160쪽
52일	162쪽
53일	164쪽
54일	166쪽
55일	168쪽
중간점검 11	170쪽

- 기초 훈련 -
56일~60일

56일	174쪽
57일	176쪽
58일	178쪽
59일	180쪽
60일	182쪽
중간점검 12	184쪽

차례

기초 훈련
61일~65일

61일	188쪽
62일	190쪽
63일	192쪽
64일	194쪽
65일	196쪽
중간점검 13	198쪽

기초 훈련
66일~70일

66일	202쪽
67일	204쪽
68일	206쪽
69일	208쪽
70일	210쪽
중간점검 14	212쪽

기초 훈련
71일~75일

71일	216쪽
72일	218쪽
73일	220쪽
74일	222쪽
75일	224쪽
중간점검 15	226쪽

기초 훈련
76일~80일

76일	230쪽
77일	232쪽
78일	234쪽
79일	236쪽
80일	238쪽
중간점검 16	240쪽

기초 훈련
81일~85일

81일	244쪽
82일	246쪽
83일	248쪽
84일	250쪽
85일	252쪽
중간점검 17	254쪽

기초 훈련
86일~90일

86일	258쪽
87일	260쪽
88일	262쪽
89일	264쪽
90일	266쪽
중간점검 18	268쪽

기초 훈련
91일~95일

91일	272쪽
92일	274쪽
93일	276쪽
94일	278쪽
95일	280쪽
중간점검 19	282쪽

기초 훈련
96일~100일

96일	286쪽
97일	288쪽
98일	290쪽
99일	292쪽
100일	294쪽
중간점검 20	296쪽

기초 훈련
101일~105일

101일	300쪽
102일	302쪽
103일	304쪽
104일	306쪽
105일	308쪽
중간점검 21	310쪽

기초 훈련
106일~110일

106일	314쪽
107일	316쪽
108일	318쪽
109일	320쪽
110일	322쪽
중간점검 22	324쪽

기초 훈련
111일~115일

111일	328쪽
112일	330쪽
113일	332쪽
114일	334쪽
115일	336쪽
중간점검 23	338쪽

기초 훈련
116일~120일

116일	342쪽
117일	344쪽
118일	346쪽
119일	348쪽
120일	350쪽
중간점검 24	352쪽

부록
배트면 영어회화 Bonus 쿠폰

이 책의 활용법

하루 3분, 강력한 영어 세뇌 배트면 기초훈련

네이티브가 매일 쓰는 생활영어 필수 600여 문장을 하루에 5문장씩 120일 동안 학습하도록 구성했습니다. 하루 3분, 영어세뇌 mp3파일과 함께 순서대로 훈련해 보세요. 억지로 외우려 애쓰지 않아도 자신도 모르게 어느새 여기에 나온 영어 표현을 말하고 평생 기억하게 됩니다.

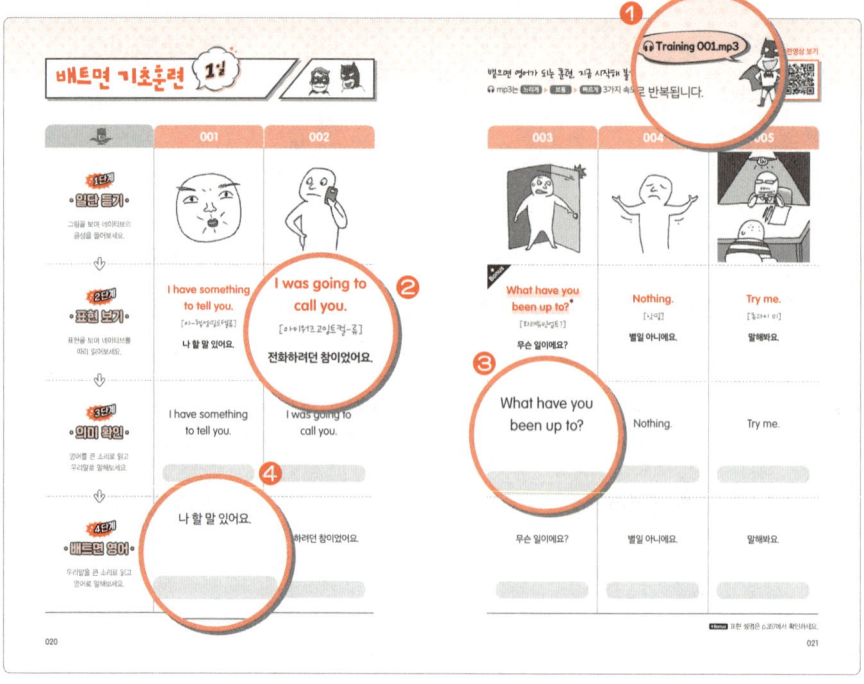

❶ **일단 듣기:** 그림을 보면서 네이티브의 음성을 들어보세요.

❷ **표현 보기:** 표현을 보면서 네이티브를 따라 읽어보세요.

❸ **의미 확인:** 영어를 큰 소리로 읽고 우리말로 말해보세요.

❹ **배트면 영어:** 우리말을 큰 소리로 읽고 영어로 말해보세요.

[Bonus] 보충 설명이 필요한 문장은 부록(배트면 영어회화 Bonus 쿠폰)에 정리했습니다.

5일에 1번, 대화로 실전감각 Up 중간점검

5일의 기초훈련이 끝나면 중간점검으로 실전 적응력을 높일 수 있도록 했습니다. 기초훈련에서 익힌 표현들이 실제로는 어떤 상황과 뉘앙스로 쓰이는지 네이티브의 생생한 대화를 통해 확인해 보세요.

❶ **대화 듣기:** 그림을 보며 네이티브의 음성을 들어보세요.

❷ **대화 보기:** 표현을 보며 네이티브를 따라 읽어보세요.

❸ **의미 확인:** 영어를 큰 소리로 읽고 우리말로 말해보세요.

❹ **대화하기:** 우리말을 큰 소리로 읽고 영어로 말해보세요.

이 책의 활용법

한 손에 쏙 들어오는 부록 배트면 영어회화 Bonus 쿠폰

기초훈련에서 배운 표현 가운데 보충 설명이 필요한 표현을 따로 모아 **[특별 부록]**에서 정리했습니다. 가로로 잘라서 쿠폰처럼 가볍게 휴대할 수 있지요. 책에 ✱Bonus 라고 표시되어 있는 문장들은 Bonus 쿠폰을 활용해 함께 공부하면 보다 효과적인 학습이 가능합니다.

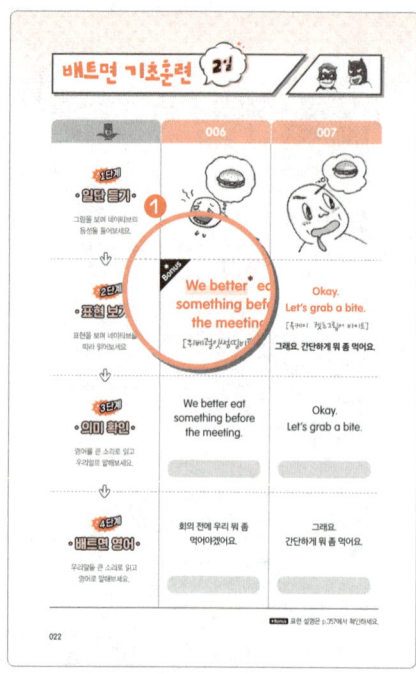
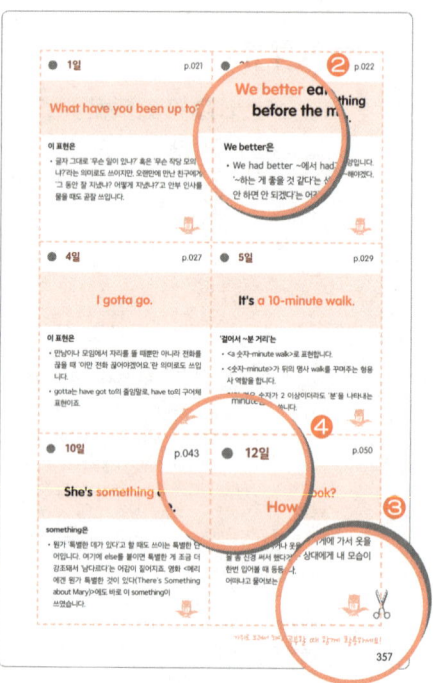

❶ 이 표현, 궁금해?
기초훈련이 끝난 후 ✱Bonus 표시가 있는 표현은 해당 페이지로 가서 설명을 확인해 주세요.

❷ 아하, 이런 뜻이!
요 표현들의 용법이나 어감이 자세한 설명과 함께 정리되어 있습니다.

❸ 가위로 오려서 쿠폰처럼
가위로 오려서 해당 표현을 공부할 때 옆에 두고 함께 활용하세요.

❹ 가볍게 휴대해요!
구멍을 뚫어서 보너스 쿠폰만 따로 묶어 사용할 수 있도록 표시해 주었습니다.

학습자료 활용법

배트면 영어회화는 mp3파일 및 동영상과 함께 활용하면 더욱 강력하고 확실한 학습 효과를 얻을 수 있습니다. 이 책에는 변속으로 녹음된 [영어세뇌 mp3파일], 원어민과 한국성우가 녹음한 [복습정리 mp3파일]이 제공됩니다. 그리고 QR코드를 찍으면 보기만 해도 외워지는 [영어세뇌 동영상]을 무료로 볼 수 있습니다.

❶ QR 코드로 확인하기
스마트폰의 QR코드 스캔 어플로 기초훈련에 있는 QR코드를 스캔하세요. 동영상과 음성 자료를 바로 확인할 수 있습니다.

❷ 홈페이지에서 확인하기
음성 자료는 이지톡 홈페이지(www.eztok.co.kr)에서 무료로 다운로드 받을 수 있습니다. 동영상 자료는 앨리펀쇼 유튜브(www.youtube.com/user/Allyfunshow)에서 확인하세요.

학습자료 200% 활용법

* **영어세뇌 mp3파일** 하루 3분, 배트면 기초훈련 (파일명: Training000.mp3)
  3분 동안 5문장이 총 100회 반복되도록 설계되어 있습니다. 느리게 → 보통 → 빠르게 3가지의 다른 속도가 변속으로 반복되면서 자동으로 머릿속에 기억됩니다.

* **복습정리 mp3파일** 들으면서 확실한 내 것으로! (파일명: Review000.mp3)
  오디오만 들어도 문장을 외울 수 있도록 영어뿐 아니라 우리말 뜻까지 녹음했습니다. 기초훈련이 끝난 후 복습 및 회화-영작 훈련용으로 활용하세요.
  > 들으면서 정리하기(Review_K.mp3) 우리말 뜻 > 영어 문장 2회 반복
  > 큰 소리로 따라하기(Review_e.mp3) 영어 문장 2회 > 3초 pause

* **중간점검 mp3파일** 대화문으로 실전감각 Up! (파일명: Dialogue000.mp3)
  기초훈련에서 배운 표현들을 대화에서 확인합니다. 대화는 한 번만 들려줍니다.

**하루 3분, 5문장! 한 번만 따라하면
평생 기억하고 말하게 되는**
배트면 영어회화 세뇌 트레이닝!
멍~ 때려도 괜찮아요.
억지로 외우려 하지 않아도 외워질 거예요.
눈과 귀를 열고 큰 소리로 따라하세요!

* 영어세뇌 동영상은 사전 제작되었습니다. 교재와 동영상의 일러스트가 다른 경우에는 교재의 일러스트를 참고해 주세요.
* 기초훈련은 효과적인 학습을 위해 의도적으로 표현을 반복하여 사용했습니다.

배트먼 영어회화
120일 기초훈련
지금 시작합니다

배트맨 기초훈련

	001	002
1단계 **일단 듣기** 그림을 보며 네이티브의 음성을 들어보세요.		
2단계 **표현 보기** 표현을 보며 네이티브를 따라 읽어보세요.	**I have something to tell you.** [아-햅섬띵투텔류] **나 할 말 있어요.**	**I was going to call you.** [아이워즈고잉트컬-류] **전화하려던 참이었어요.**
3단계 **의미 확인** 영어를 큰 소리로 읽고 우리말로 말해보세요.	I have something to tell you.	I was going to call you.
4단계 **배트면 영어** 우리말을 큰 소리로 읽고 영어로 말해보세요.	나 할 말 있어요.	전화하려던 참이었어요.

뱉으면 영어가 되는 훈련, 지금 시작해 볼까요?

 Training 001.mp3

훈련영상 보기

mp3는 ▶ ▶ 3가지 속도가 변속으로 반복됩니다.

003	004	005
What have you been up to?*	**Nothing.**	**Try me.**
[와래뷰빈엎트?]	[낫띵]	[츄라이 미]
무슨 일이에요?	별일 아니에요.	말해봐요.
What have you been up to?	Nothing.	Try me.
무슨 일이에요?	별일 아니에요.	말해봐요.

*Bonus 표현 설명은 p.357에서 확인하세요.

배트맨 기초훈련 2일

	006	007
1단계 **· 일단 듣기 ·** 그림을 보며 네이티브의 음성을 들어보세요.		
2단계 **· 표현 보기 ·** 표현을 보며 네이티브를 따라 읽어보세요.	*Bonus We better* eat something before the meeting. [위버럴잇썸띵비폴더미링] 회의 전에 우리 뭐 좀 먹어야겠어요.	Okay. Let's grab a bite. [옥케이. 렛츠그랩어 바이트] 그래요. 간단하게 뭐 좀 먹어요.
3단계 **· 의미 확인 ·** 영어를 큰 소리로 읽고 우리말로 말해보세요.	We better eat something before the meeting.	Okay. Let's grab a bite.
4단계 **· 배트맨 영어 ·** 우리말을 큰 소리로 읽고 영어로 말해보세요.	회의 전에 우리 뭐 좀 먹어야겠어요.	그래요. 간단하게 뭐 좀 먹어요.

● Bonus 표현 설명은 p.357에서 확인하세요.

뱉으면 영어가 되는 훈련, 지금 시작해 볼까요?

🎧 mp3 ▶ 느리게 ▶ 보통 ▶ 빠르게 3가지 속도가 변속으로 반복됩니다.

훈련영상 보기

008

Not for me. I had a good breakfast.

[낫포미. 아이해더굿~ 브릭퍼스트]

전 괜찮아요. 아침을 많이 먹었거든요.

Not for me. I had a good breakfast.

전 괜찮아요. 아침을 많이 먹었거든요.

009

How about some coffee?

[하우바웃썸커피?]

그럼 커피 드려요?

How about some coffee?

그럼 커피 드려요?

010

Green tea is always good.

[그린티이즈 올-웨이즈굿]

녹차는 언제나 좋죠.

Green tea is always good.

녹치는 언제나 좋죠.

배트맨 기초훈련

	011	012
1단계 • 일단 듣기 • 그림을 보며 네이티브의 음성을 들어보세요.		
2단계 • 표현 보기 • 표현을 보며 네이티브를 따라 읽어보세요.	**How do you like your coffee?** [하우 두 유 라이큐얼 커피?] **커피는 어떻게 드세요?**	**I like my coffee black.** [아이 라잌 마이 커피 블랙] **전 블랙커피가 좋아요.**
3단계 • 의미 확인 • 영어를 큰 소리로 읽고 우리말로 말해보세요.	How do you like your coffee?	I like my coffee black.
4단계 • 배트맨 영어 • 우리말을 큰 소리로 읽고 영어로 말해보세요.	커피는 어떻게 드세요?	전 블랙커피가 좋아요.

뱉으면 영어가 되는 훈련, 지금 시작해 볼까요?

 mp3는 느리게 ▶ 보통 ▶ 빠르게 3가지 속도가 변속으로 반복됩니다.

Training 003.mp3

훈련영상 보기

013

Would you like more bread?

[우쥬라잌 모얼 브뤠?]

빵 더 드실래요?

Would you like more bread?

빵 더 드실래요?

014

Do I know you?

[두아이 노유?]

저 아세요?

Do I know you?

저 아세요?

015

Here he comes!

[히어뤼컴즈!]

저기 오시네요!

Here he comes!

저기 오시네요!

배트면 기초훈련

	016	017
★1단계★ • 일단 듣기 • 그림을 보며 네이티브의 음성을 들어보세요.		
★2단계★ • 표현 보기 • 표현을 보며 네이티브를 따라 읽어보세요.	**What are you doing?** [와라유두잉?] **뭐 하고 있어요?**	**Just chilling.** [저슷칠링] **그냥 있죠 뭐.**
★3단계★ • 의미 확인 • 영어를 큰 소리로 읽고 우리말로 말해보세요.	What are you doing?	Just chilling.
★4단계★ • 배트면 영어 • 우리말을 큰 소리로 읽고 영어로 말해보세요.	뭐 하고 있어요?	그냥 있죠 뭐.

뱉으면 영어가 되는 훈련, 지금 시작해 볼까요?

🎧 Training 004.mp3

🎧 mp3는 [느리게] ▶ [보통] ▶ [빠르게] 3가지 속도가 변속으로 반복됩니다.

018

I gotta go. *

[아—가러 고]

저 이만 가봐야 해요.

I gotta go.

저 이만 가봐야 해요,

019

Where are you going?

[웨얼유고잉?]

어디 가?

Where are you going?

어디 가?

020

Come with us?

[컴위더스?]

저희랑 같이 가시는 거예요?

Come with us?

저희랑 같이 가시는 거예요?

●Bonus 표현 설명은 p.357에서 확인하세요.

027

배트면 기초훈련 5일

1단계 • 일단 듣기
그림을 보며 네이티브의 음성을 들어보세요.

	021	022

2단계 • 표현 보기
표현을 보며 네이티브를 따라 읽어보세요.

Here comes the bus.
[히얼컴즈어 버스]
저기 버스가 와요.

Let's get on the bus.
[렛츠게롤언 버스]
자~ 버스에 탑시다.

3단계 • 의미 확인
영어를 큰 소리로 읽고 우리말로 말해보세요.

Here comes the bus.

Let's get on the bus.

4단계 • 배트면 영어
우리말을 큰 소리로 읽고 영어로 말해보세요.

저기 버스가 와요.

자~ 버스에 탑시다.

뱉으면 영어가 되는 훈련, 지금 시작해 볼까요?

🎧 mp3는 `느리게` ▶ `보통` ▶ `빠르게` 3가지 속도가 변속으로 반복됩니다.

🎧 Training 005.mp3

훈련영상 보기

023	024	025
It's a 10-minute walk.*	I'll walk you home.	It looks like rain.
[잇쩌텐미닛 워-크]	[아울 워큐홈]	[잇룩스라잌뢰인]
걸어서 10분 거리예요.	제가 집까지 데려다 줄게요.	비 올 것 같아.
It's a 10-minute walk.	I'll walk you home.	It looks like rain.
걸어서 10분 거리예요.	제가 집까지 데려다 줄게요.	비 올 것 같아

*Bonus 표현 설명은 p.357에서 확인하세요.

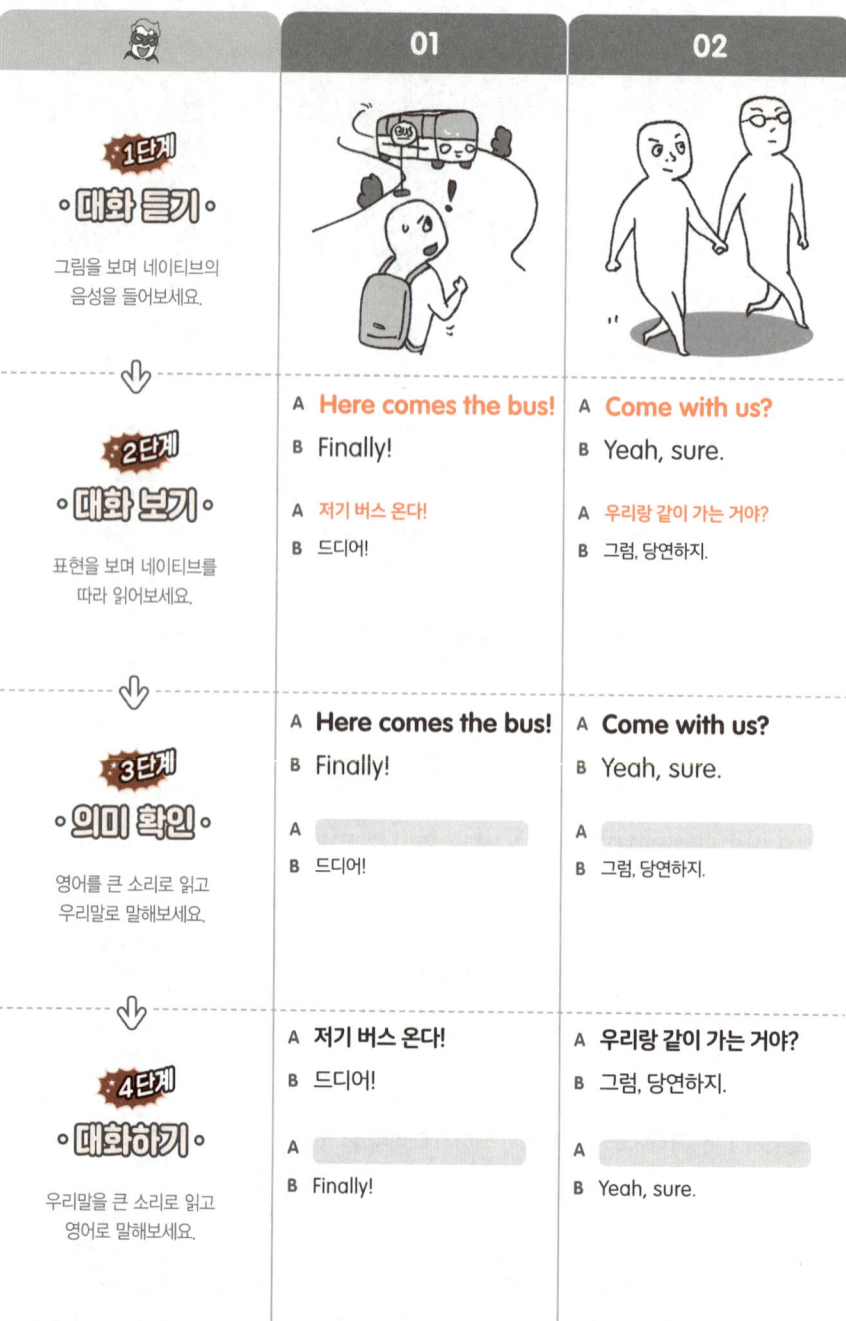

지금까지 배운 표현 자신 있게 말할 수 있나요?
실전 대화에서 확인해 보세요.

03	04	05
A I don't think you would be interested. B **Try me.** A 넌 이 이야기에 흥미 없을 거야. B **말해봐.**	A What's up? What's that look? B Well, **I have something to tell you.** A 왜 그래? 그 표정은 뭐야? B 그게, **나 할 말 있어.**	A You seem familiar. B Well, **do I know you?** A 낯이 익은데요. B 글쎄요, **저 아세요?**
A I don't think you would be interested. B **Try me.** A 넌 이 이야기에 흥미 없을 거야. B	A What's up? What's that look? B **Well, I have something to tell you.** A 왜 그래? 그 표정은 뭐야? B	A You seem familiar. B **Well, do I know you?** A 낯이 익은데요. B
A 넌 이 이야기에 흥미 없을 거야. B **말해봐.** A I don't think you would be interested. B	A 왜 그래? 그 표정은 뭐야? B 그게, 나 할 말 있어. A What's up? What's that look? B	A 낯이 익은데요. B 글쎄요, 저 아세요? A You seem familiar. B

중간점검 01

	06	07
1단계 · 대화 듣기 그림을 보며 네이티브의 음성을 들어보세요.		
2단계 · 대화 보기 표현을 보며 네이티브를 따라 읽어보세요.	A Hey, Ally. What are you doing here? B Oh, Alex. **I was going to call you.** A 여! 앨리. 여기서 뭐해? B 어, 알렉스. **너한테 전화하려던 참이었어.**	A **How about some coffee?** B Sure. Let's have it in the lounge. A **커피 마실까요?** B 좋죠. 휴게실에서 마셔요.
3단계 · 의미 확인 영어를 큰 소리로 읽고 우리말로 말해보세요.	A Hey, Ally. What are you doing here? B **Oh, Alex. I was going to call you.** A 여! 앨리. 여기서 뭐해? B	A **How about some coffee?** B Sure. Let's have it in the lounge. A B 좋죠. 휴게실에서 마셔요.
4단계 · 대화하기 우리말을 큰 소리로 읽고 영어로 말해보세요.	A 여! 앨리. 여기서 뭐해? B 어, 알렉스. 너한테 전화하려던 참이었어. A Hey, Ally. What are you doing here? B	A 커피 마실까요? B 좋죠. 휴게실에서 마셔요. A B Sure. Let's have it in the lounge.

08

A I'm a little hungry. Would you like to eat something?
B **Okay. Let's grab a bite.**

A 배가 좀 고픈데. 뭐 좀 먹을래요?
B **그래요. 간단하게 뭐 좀 먹어요.**

A I'm a little hungry. Would you like to eat something?
B **Okay. Let's grab a bite.**

A 배가 좀 고픈데. 뭐 좀 먹을래요?
B

A 배가 좀 고픈데. 뭐 좀 먹을래요?
B 그래요. 간단하게 뭐 좀 먹어요.

A I'm a little hungry. Would you like to eat something?
B

09

A Is the boss coming? What time is it?
B Oh, **here he comes!**

A 부장님 오고 계신가? 몇 시지?
B 어, **저기 오시네!**

A Is the boss coming? What time is it?
B **Oh, here he comes!**

A 부장님 오고 계신가? 몇 시지?
B

A 부장님 오고 계신가? 몇 시지?
B 어, 저기 오시네!

A Is the boss coming? What time is it?
B

10

A **Would you like more bread?**
B No thanks. I'm full.

A 빵 더 드실래요?
B 괜찮아요. 배 불러요.

A **Would you like more bread?**
B No thanks. I'm full.

A
B 괜찮아요. 배 불러요.

A 빵 더 드실래요?
B 괜찮아요. 배 불러요.

A
B No thanks. I'm full.

배트면 기초훈련

	026	027
1단계 · 일단 듣기 · 그림을 보며 네이티브의 음성을 들어보세요.		
2단계 · 표현 보기 · 표현을 보며 네이티브를 따라 읽어보세요.	**This is my stop.** [디씨즈마이스탑] **저 여기서 내려요.**	**It's raining.** [잇츠레이닝] **비가 와요.**
3단계 · 의미 확인 · 영어를 큰 소리로 읽고 우리말로 말해보세요.	This is my stop.	It's raining.
4단계 · 배트면 영어 · 우리말을 큰 소리로 읽고 영어로 말해보세요.	저 여기서 내려요.	비가 와요.

뱉으면 영어가 되는 훈련, 지금 시작해 볼까요?

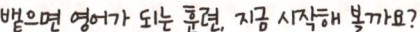  

mp3는 ▶ ▶ 빠르게 3가지 속도가 변속으로 반복됩니다.

028	029	030
It's snowing.	**I got all wet.**	**Good for you!**
[잇츠스노-잉]	[아가롤웻]	[굿풀유]
눈이 와요.	저 비에 다 젖었어요.	잘됐군요!
It's snowing.	I got all wet.	Good for you!
눈이 와요.	저 비에 다 젖었어요.	잘됐군요!

배트면 기초훈련 7일

	031	032
1단계 •일단 듣기• 그림을 보며 네이티브의 음성을 들어보세요.	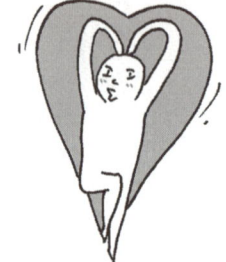	
2단계 •표현 보기• 표현을 보며 네이티브를 따라 읽어보세요.	**Do you really love me?** [두유리얼리럽-미?] 정말로 절 사랑하세요?	**What do you mean?** [왓두유민?] 그게 무슨 소리예요?
3단계 •의미 확인• 영어를 큰 소리로 읽고 우리말로 말해보세요.	Do you really love me?	What do you mean?
4단계 •배트면 영어• 우리말을 큰 소리로 읽고 영어로 말해보세요.	정말로 절 사랑하세요?	그게 무슨 소리예요?

뱉으면 영어가 되는 훈련, 지금 시작해 볼까요?

🎧 mp3는 [느리게] ▶ [보통] ▶ [빠르게] 3가지 속도가 변속으로 반복됩니다.

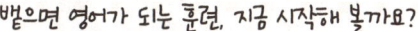

Training 007.mp3

훈련영상 보기

033

Keep your voice down.

[킵유얼보이스다-운]

목소리 좀 낮춰 주실래요?

Keep your voice down.

목소리 좀 낮춰 주실래요?

034

I'm falling in love with you.

[아임폴링인럽-위듀]

당신을 사랑하게 됐어요.

I'm falling in love with you.

당신을 사랑하게 됐어요.

035

That's a good idea.

[댓쩌굿아이디어]

좋은 생각이에요.

That's a good idea.

좋은 생각이에요.

배트맨 기초훈련

	036	037
1단계 **· 일단 듣기 ·** 그림을 보며 네이티브의 음성을 들어보세요.		
2단계 **· 표현 보기 ·** 표현을 보며 네이티브를 따라 읽어보세요.	**Call me next week. I'll be in Boston.** [콜미넥스위. 아울비인버스튼] 다음 주에 전화주세요. 보스톤에 있을 거예요.	**Have a safe trip!** [해버쌔이프트륍!] 잘 다녀오세요~
3단계 **· 의미 확인 ·** 영어를 큰 소리로 읽고 우리말로 말해보세요.	Call me next week. I'll be in Boston.	Have a safe trip!
4단계 **· 배트맨 영어 ·** 우리말을 큰 소리로 읽고 영어로 말해보세요.	다음 주에 전화주세요. 보스톤에 있을 거예요.	잘 다녀오세요~

뱉으면 영어가 되는 훈련, 지금 시작해 볼까요?

 Training 008.mp3

훈련영상 보기

🎧 mp3는 느리게 ▶ 보통 ▶ 빠르게 3가지 속도가 변속으로 반복됩니다.

038	039	040
Please don't go.	We belong to each other.	Honey, I want you to give up smoking.
[플리즈 돈고]	[위블롱트이치 어덜]	[허니 아이 원유두기법 스모킹]
가지 마세요.	우린 천생연분이에요.	자기야, 난 자기가 담배를 끊었으면 좋겠어.
Please don't go.	We belong to each other.	Honey, I want you to give up smoking.
가지 마세요.	우린 천생연분이에요.	자기야, 난 자기가 담배를 끊었으면 좋겠어.

039

배트맨 기초훈련 9일

	041	042
1단계 **일단 듣기** 그림을 보며 네이티브의 음성을 들어보세요.		
2단계 **표현 보기** 표현을 보며 네이티브를 따라 읽어보세요.	Let's not talk about it. [레쯔낫 토-꺼바우릿] 우리 그 이야긴 하지 말자.	It's on me. [잇츠온미] 이건 내가 낼게.
3단계 **의미 확인** 영어를 큰 소리로 읽고 우리말로 말해보세요.	Let's not talk about it.	It's on me.
4단계 **배트맨 영어** 우리말을 큰 소리로 읽고 영어로 말해보세요.	우리 그 이야긴 하지 말자.	이건 내가 낼게.

뱉으면 영어가 되는 훈련, 지금 시작해 볼까요?

🎧 mp3는 느리게 ▶ 보통 ▶ 빠르게 3가지 속도가 변속으로 반복됩니다.

훈련영상 보기

🎧 Training 009.mp3

043

Don't beat yourself up.

[돈 비잇유얼셀프업]

자책하지 말아요.

Don't beat yourself up.

자책하지 말아요.

044

I'm sorry for your loss.

[아임써리포 유얼러스]

고인의 명복을 빕니다.

I'm sorry for your loss.

고인의 명복을 빕니다.

045

I am ashamed that I made the same mistake again.

[아이엠어쉐임드댓아이메이드 더세임미스테익커겐]

같은 실수를 또 했다는 게 부끄러워요.

I am ashamed that I made the same mistake again.

같은 실수를 또 했다는 게 부끄러워요.

배트맨 기초훈련 10일

	046	047
1단계 · 일단 듣기 · 그림을 보며 네이티브의 음성을 들어보세요.		
2단계 · 표현 보기 · 표현을 보며 네이티브를 따라 읽어보세요.	**I'll be with you.** [아울비위듀] 내가 함께할게요.	**I like it the way it is.** [아이라이킷더웨이이리즈-] 전 이대로가 좋아요.
3단계 · 의미 확인 · 영어를 큰 소리로 읽고 우리말로 말해보세요.	I'll be with you.	I like it the way it is.
4단계 · 배트맨 영어 · 우리말을 큰 소리로 읽고 영어로 말해보세요.	내가 함께할게요.	전 이대로가 좋아요.

뱉으면 영어가 되는 훈련, 지금 시작해 볼까요?

mp3는 느리게 ▶ 보통 ▶ 빠르게 3가지 속도가 변속으로 반복됩니다.

Training 010.mp3

훈련영상 보기

048

I'm sorry about that.

[아임쏘리어바웃댓]

미안하게 됐어.

I'm sorry about that.

미안하게 됐어.

049

Already?

[올뤠디?]

벌써?

Already?

벌써?

050

She's something* else.

[쉬즈썸띵엘스]

그녀는 특별해요. 달라요.

She's something else.

그녀는 특별해요. 달라요.

*Bonus 표현 설명은 p.357에서 확인하세요.

중간점검 02

기초훈련 6~10일

	01	02

1단계
· 대화 듣기 ·

그림을 보며 네이티브의 음성을 들어보세요.

2단계
· 대화 보기 ·

표현을 보며 네이티브를 따라 읽어보세요.

01
- A It's time to go!
- B **Already?** I just sat down.

- A 가야겠다!
- B 벌써? 나 막 앉았는데.

02
- A **I'm falling in love with you.**
- B Think twice. We're friends.

- A 널 사랑하게 됐어.
- B 재고해봐. 우린 친구야.

3단계
· 의미 확인 ·

영어를 큰 소리로 읽고 우리말로 말해보세요.

01
- A It's time to go!
- B **Already?** I just sat down.

- A 가야겠다!
- B 　　　　　 나 막 앉았는데.

02
- A **I'm falling in love with you.**
- B Think twice. We're friends.

- A
- B 재고해봐. 우린 친구야.

4단계
· 대화하기 ·

우리말을 큰 소리로 읽고 영어로 말해보세요.

01
- A 가야겠다!
- B 벌써? 나 막 앉았는데.

- A It's time to go!
- B 　　　　　 I just sat down.

02
- A 널 사랑하게 됐어.
- B 재고해봐. 우린 친구야.

- A
- B Think twice. We're friends.

지금까지 배운 표현 자신 있게 말할 수 있나요?
실전 대화에서 확인해 보세요.

 Dialogue 02.mp3

03

A **We belong to each other.**
B How do you know?

A 우린 천생연분이야.
B 네가 어떻게 알아?

04

A **Kids! Look outside!**
B **Wow! It's snowing!**

A 얘들아! 밖에 봐!
B 와! 눈 온다!

05

A **This is my stop.**
B **Alright. See you tomorrow.**

A 나 여기서 내려.
B 그래. 내일 봐.

A **We belong to each other.**
B How do you know?

A
B 네가 어떻게 알아?

A **Kids! Look outside!**
B **Wow! It's snowing!**

A 얘들아! 밖에 봐!
B

A **This is my stop.**
B **Alright. See you tomorrow.**

A
B 그래. 내일 봐.

A 우린 천생연분이야.
B 네가 어떻게 알아?

A
B How do you know?

A 얘들아! 밖에 봐!
B 와! 눈 온다!

A Kids! Look outside!
B

A 나 여기서 내려.
B 그래. 내일 봐.

A
B Alright. See you tomorrow.

기초훈련 6~10일

08

A **To me, she's something else.**
B I can tell.

A 나에게 그 여자애는 특별해.
B 그런 거 같아.

A **To me, she's something else.**
B I can tell.

A
B 그런 거 같아.

A 나에게 그 여자애는 특별해.
B 그런 거 같아.

A
B I can tell.

09

A **Honey, I want you to give up smoking.**
B I will try.

A 자기야, 난 자기가 담배를 끊었으면 좋겠어.
B 노력해볼게.

A **Honey, I want you to give up smoking.**
B I will try.

A
B 노력해볼게.

A 자기야, 난 자기가 담배를 끊었으면 좋겠어.
B 노력해볼게.

A
B I will try.

10

A **My dog died last night.**
B That's awful. **I'm sorry for your loss.**

A 우리 개가 어젯밤에 죽었어요.
B 저런! 애도를 표합니다.

A **My dog died last night.**
B That's awful. **I'm sorry for your loss.**

A 우리 개가 어젯밤에 죽었어요.
B 저런!

A 우리 개가 어젯밤에 죽었어요.
B 저런! 애도를 표합니다.

A My dog died last night.
B That's awful.

배트맨 기초훈련 11일

	051	052
1단계 · 일단 듣기 · 그림을 보며 네이티브의 음성을 들어보세요.	(그림)	(그림)
2단계 · 표현 보기 · 표현을 보며 네이티브를 따라 읽어보세요.	**I'm getting married.** [앙게링매리드] **나 결혼해요.**	**Congratulations!** [컹그래쥬래이션즈!] **축하해요!**
3단계 · 의미 확인 · 영어를 큰 소리로 읽고 우리말로 말해보세요.	I'm getting married.	Congratulations!
4단계 · 배트맨 영어 · 우리말을 큰 소리로 읽고 영어로 말해보세요.	나 결혼해요.	축하해요!

벌으면 영어가 되는 훈련, 지금 시작해 볼까요?

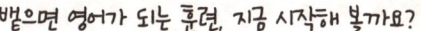 Training 011.mp3

mp3는 ▶ ▶ 3가지 속도가 변속으로 반복됩니다.

훈련영상 보기

053

How come you never told me?

[하컴유네벌톨드미?]

어쩜 나한테 아무 말도 안 할 수가 있어요?

How come you never told me?

어쩜 나한테 아무 말도 안 할 수가 있어요?

054

No offense.

[노오펜스]

나쁜 뜻은 없었어요.

No offense.

나쁜 뜻은 없었어요.

055

Don't spread that around.

[돈스프뢰댓어라운드]

소문내지 말아요.

Don't spread that around.

소문내지 말아요.

049

배트면 기초훈련

	056	057
1단계 • 일단 듣기 • 그림을 보며 네이티브의 음성을 들어보세요.		
2단계 • 표현 보기 • 표현을 보며 네이티브를 따라 읽어보세요.	I know. She's not like others. [아이노우. 쉬즈낫라익커덜즈] 맞아요. 그분은 다른 사람과 달라요.	How do I look?* [하우두아이룩?] 저 어때요?
3단계 • 의미 확인 • 영어를 큰 소리로 읽고 우리말로 말해보세요.	I know. She's not like others.	How do I look?
4단계 • 배트면 영어 • 우리말을 큰 소리로 읽고 영어로 말해보세요.	맞아요. 그분은 다른 사람과 달라요.	저 어때요?

• Bonus 표현 설명은 p.357에서 확인하세요.

뱉으면 영어가 되는 훈련, 지금 시작해 볼까요?

🎧 mp3는 ▶ ▶ 3가지 속도가 변속으로 반복됩니다.

🎧 Training 012.mp3

훈련영상 보기

058	059	060
You look gorgeous!	**That's it?***	**I'm in a hurry.**
[유룩골져스!]	[댓쯔잇?]	[아임이너허리]
멋져요 당신~!	그게 다예요?	제가 좀 급해요.
You look gorgeous!	That's it?	I'm in a hurry.
멋져요 당신~!	그게 다예요?	제가 좀 급해요.

＊Bonus 표현 설명은 p.358에서 확인하세요.

배트면 기초훈련 13일

	061	062
1단계 · 일단 듣기 · 그림을 보며 네이티브의 음성을 들어보세요.	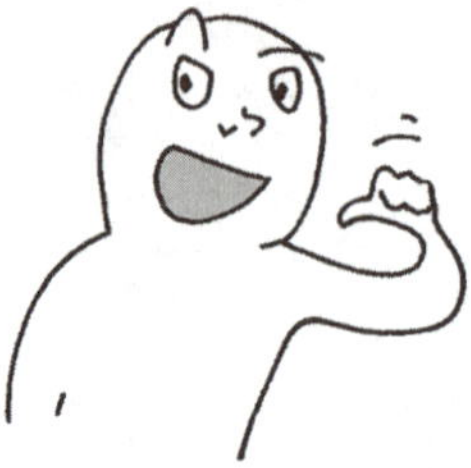	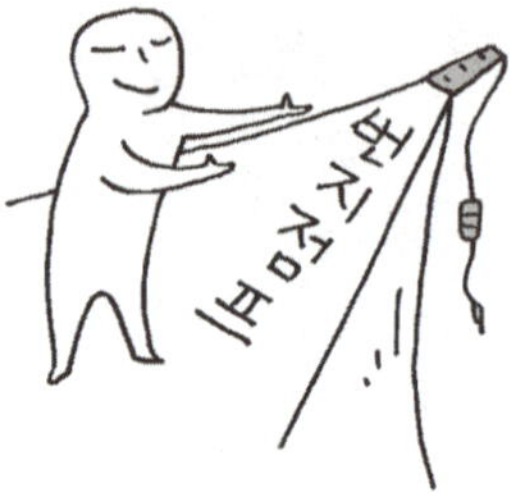
2단계 · 표현 보기 · 표현을 보며 네이티브를 따라 읽어보세요.	**So am I.** [써앰아이] 저도 그래요.	**After you.** [애프털유] 먼저 하세요.
3단계 · 의미 확인 · 영어를 큰 소리로 읽고 우리말로 말해보세요.	So am I.	After you.
4단계 · 배트면 영어 · 우리말을 큰 소리로 읽고 영어로 말해보세요.	저도 그래요.	먼저 하세요.

● Bonus 표현 설명은 p.358에서 확인하세요.

뱉으면 영어가 되는 훈련, 지금 시작해 볼까요?

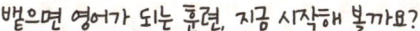 Training 013.mp3

mp3는 느리게 ▶ 보통 ▶ 빠르게 3가지 속도가 변속으로 반복됩니다.

063	064	065
I hope it won't take long. [아이홉잇웡테익롱] 오래 걸리지 않아야 할 텐데.	Good things are worth waiting for. [굿띵즈알월쓰웨이링포열] 좋은 것은 기다릴 만한 가치가 있죠.	I have a deadline. [아헤버데드라인] 마감기간이거든요.
I hope it won't take long.	Good things are worth waiting for.	I have a deadline.
오래 걸리지 않아야 할 텐데.	좋은 것은 기다릴 만한 가치가 있죠.	마감기간이거든요.

053

배트면 기초훈련 14일

	066	067
1단계 일단 듣기 그림을 보며 네이티브의 음성을 들어보세요.		
2단계 표현 보기 표현을 보며 네이티브를 따라 읽어보세요.	Sorry to hear that. [써리트히얼댓] 안됐군요.	Here's my card. [히얼즈마이카알드] 여기 제 명함입니다.
3단계 의미 확인 영어를 큰 소리로 읽고 우리말로 말해보세요.	Sorry to hear that.	Here's my card.
4단계 배트면 영어 우리말을 큰 소리로 읽고 영어로 말해보세요.	안됐군요.	여기 제 명함입니다.

뱉으면 영어가 되는 훈련, 지금 시작해 볼까요?

🎧 Training 014.mp3

훈련영상 보기

mp3는 느리게 ▶ 보통 ▶ 빠르게 3가지 속도가 변속으로 반복됩니다.

068 	069 	070 

*Bonus

It's none of your business.* | **I'm so glad to see you again.** | **What are you doing tomorrow?**

[잇츠넌 어브유얼비즈니스] | [아임쏘우글래드씨유어게인] | [와라유두잉트마로우?]

관심 끊어 주세요. | 다시 뵙게 되어 기뻐요. | 내일 뭐해요?

It's none of your business. | I'm so glad to see you again. | What are you doing tomorrow?

관심 끊어 주세요. | 다시 뵙게 되어 기뻐요 | 내일 뭐해요?

*Bonus 표현 설명은 p.358에서 확인하세요.

055

배트맨 기초훈련 15일

	071	072
1단계 · 일단 듣기 · 그림을 보며 네이티브의 음성을 들어보세요.		
2단계 · 표현 보기 · 표현을 보며 네이티브를 따라 읽어보세요.	I'm getting married. [아임게링매리드] 저 결혼해요.	Why the rush? [와이더러쉬?] 왜 그렇게 서두르세요?
3단계 · 의미 확인 · 영어를 큰 소리로 읽고 우리말로 말해보세요.	I'm getting married.	Why the rush?
4단계 · 배트맨 영어 · 우리말을 큰 소리로 읽고 영어로 말해보세요.	저 결혼해요.	왜 그렇게 서두르세요?

뱉으면 영어가 되는 훈련, 지금 시작해 볼까요?

mp3는 느리게 ▶ 보통 ▶ 빠르게 3가지 속도가 변속으로 반복됩니다.

Training 015.mp3

훈련영상 보기

073

It's time to go home.

[잇츠타임트 고 홈]

집에 갈 시간이야.

It's time to go home.

집에 갈 시간이야.

074

Already?

[올레디?]

벌써요?

Already?

벌써요?

075

I have a deadline.

[아이해버데드라인]

마감이거든요.

I have a deadline.

마감이거든요

중간점검 03

	01	02
1단계 **대화 듣기** 그림을 보며 네이티브의 음성을 들어보세요.		
 2단계 **대화 보기** 표현을 보며 네이티브를 따라 읽어보세요.	A How can I reach you? B **Here's my card.** **Call me anytime.** A 제가 어떻게 연락 드리죠? B 여기 제 명함입니다. 언제든 전화 주세요.	A Do you want to try this? B **After you.** A 이거 해보실래요? B 먼저 하세요.
 3단계 **의미 확인** 영어를 큰 소리로 읽고 우리말로 말해보세요.	A How can I reach you? B **Here's my card.** **Call me anytime.** A 제가 어떻게 연락 드리죠? B 언제든 전화주세요.	A Do you want to try this? B **After you.** A 이거 해보실래요? B
 4단계 **대화하기** 우리말을 큰 소리로 읽고 영어로 말해보세요.	A 제가 어떻게 연락 드리죠? B 여기 제 명함입니다. 언제든 전화주세요. A How can I reach you? B Call me anytime.	A 이거 해보실래요? B 먼저 하세요. A Do you want to try this? B

지금까지 배운 표현 자신 있게 말할 수 있나요?
실전 대화에서 확인해 보세요.

 Dialogue 03.mp3

03	04	05
A I need you to pick up some butter, please. B **That's it?** A 버터 좀 사갖고 와. B 그게 다야? (더 필요한 거 없어?)	A Whoa! **Why the rush?** B I forgot about a meeting today. A 웝! 왜 그렇게 서둘러? B 오늘 회의가 있는 걸 깜박했어.	A Why don't you take a break from it? B I can't. **I have a deadline.** A 그거 잠깐 쉬는 게 어때? B 안 돼. 나 마감이야.
A I need you to pick up some butter, please. B That's it? A 버터 좀 사갖고 와. B	A Whoa! Why the rush? B I forgot about a meeting today. A B 오늘 회의가 있는 걸 깜박했어.	A Why don't you take a break from it? B I can't. **I have a deadline.** A 그거 잠깐 쉬는 게 어때? B 안 돼.
A 버터 좀 사갖고 와. B 그게 다야? (더 필요한 거 없어?) A I need you to pick up some butter, please. B	A 웝! 왜 그렇게 서둘러? B 오늘 회의가 있는 걸 깜박했어. A B I forgot about a meeting today.	A 그거 잠깐 쉬는 게 어때? B 안 돼. **나 마감이야.** A Why don't you take a break from it? B I can't.

뒷페이지에 계속 ➡

059

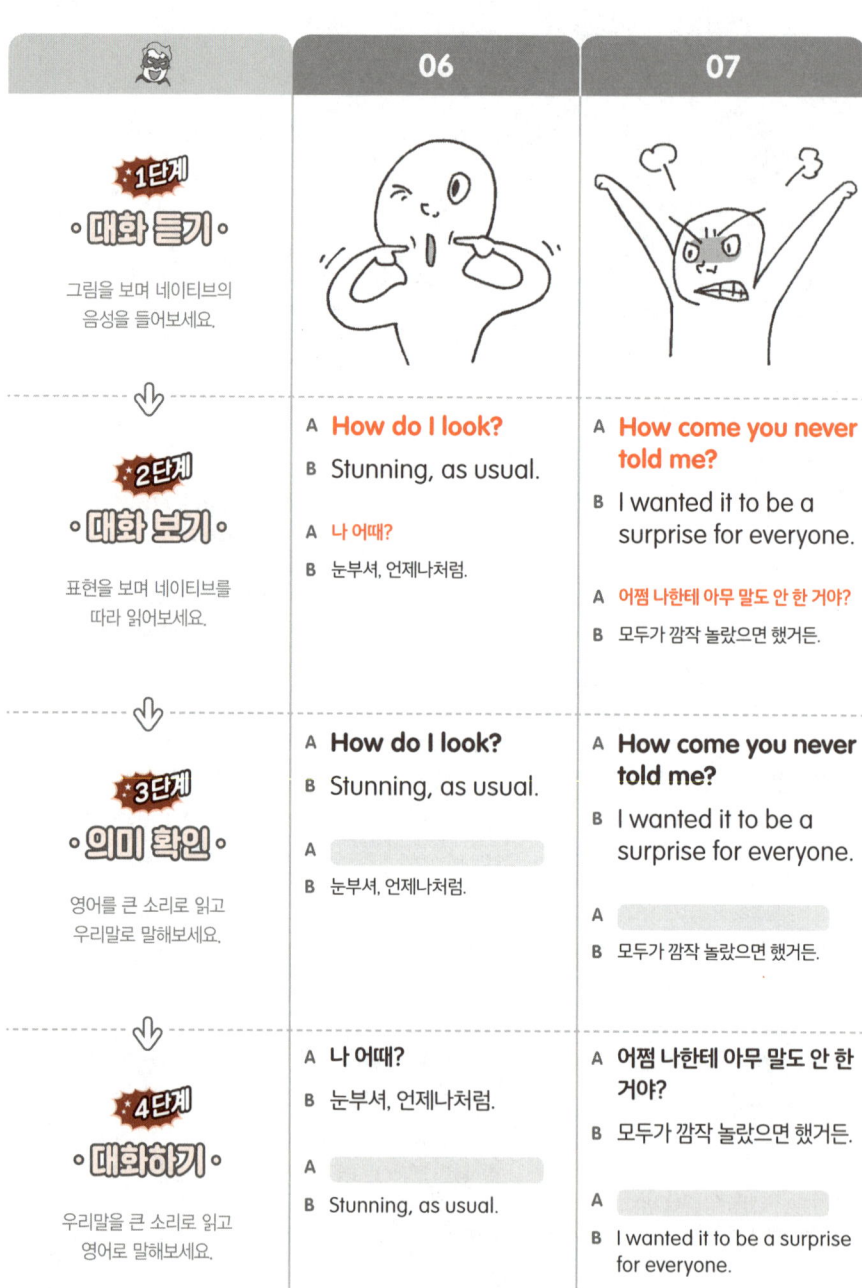

기초훈련 11~15일

08

A **I'm done.**
B **So am I.**

A 나 다했어.
B 나도 그래.

A **I'm done.**
B **So am I.**

A 나 다했어.
B

A 나 다했어.
B **나도 그래.**

A I'm done.
B

09

A **It's time to go home.**
B **Just five more minutes, I promise.**

A 집에 갈 시간이야.
B 딱 5분만 더, 약속해.

A **It's time to go home.**
B **Just five more minutes, I promise.**

A
B 딱 5분만 더, 약속해.

A **집에 갈 시간이야.**
B **딱 5분만 더, 약속해.**

A
B Just five more minutes, I promise.

10

A **What were you two arguing about?**
B **It's none of your business.**

A 너희 둘, 뭐 때문에 싸웠어?
B 네 알 바 아니야.

A **What were you two arguing about?**
B **It's none of your business.**

A 너희 둘, 뭐 때문에 싸웠어?
B

A 너희 둘, 뭐 때문에 싸웠어?
B **네 알 바 아니야.**

A What were you two arguing about?
B

배트면 기초훈련 16일

	076	077
1단계 · 일단 듣기 · 그림을 보며 네이티브의 음성을 들어보세요.		
2단계 · 표현 보기 · 표현을 보며 네이티브를 따라 읽어보세요.	**I am flattered.** [아잉플래럴드] 과찬의 말씀입니다.	**I gotta get back to work.** [아이가라게빽트월크] 전 다시 일하러 가봐야 해요.
3단계 · 의미 확인 · 영어를 큰 소리로 읽고 우리말로 말해보세요.	I am flattered.	I gotta get back to work.
4단계 · 배트면 영어 · 우리말을 큰 소리로 읽고 영어로 말해보세요.	과찬의 말씀입니다.	전 다시 일하러 가봐야 해요.

뱉으면 영어가 되는 훈련, 지금 시작해 볼까요?

mp3는 느리게 ▶ 보통 ▶ 빠르게 3가지 속도가 변속으로 반복됩니다.

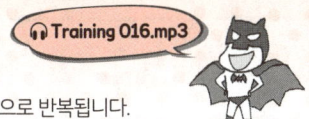

훈련영상 보기

078	079	080
So do I. *	**Where are you going?**	**We better eat something before the meeting.**
[쏘두아이]	[웨얼유고잉?]	[위베럴잇썸띵비폴더미링]
저도 그래요.	어디 가세요?	회의 전에 우리 뭐 좀 먹어야겠어요.
So do I.	Where are you going?	We better eat something before the meeting.
저도 그래요.	어디 가세요?	회의 전에 우리 뭐 좀 먹어야겠어요.

*Bonus 표현 설명은 p.358에서 확인하세요.

배트맨 기초훈련

	081	082
1단계 **• 일단 듣기 •** 그림을 보며 네이티브의 음성을 들어보세요.		
 **2단계** **• 표현 보기 •** 표현을 보며 네이티브를 따라 읽어보세요.	**I'm so hungry. Let's grab a bite.** [아임 쏘 헝그뤼. 렛츠그뤠버 바이트] 저 배가 너무 고파요. 간단하게 뭐 좀 먹어요.	**It's on me.** [잇츠 온미] 이건 제가 낼게요.
 **3단계** **• 의미 확인 •** 영어를 큰 소리로 읽고 우리말로 말해보세요.	I'm so hungry. Let's grab a bite.	It's on me.
4단계 **• 배트맨 영어 •** 우리말을 큰 소리로 읽고 영어로 말해보세요.	저 배가 너무 고파요. 간단하게 뭐 좀 먹어요.	이건 제가 낼게요.

뱉으면 영어가 되는 훈련, 지금 시작해 볼까요?

🎧 Training 017.mp3

훈련영상 보기

🎧 mp3는 느리게 ▶ 보통 ▶ 빠르게 3가지 속도가 변속으로 반복됩니다.

083	084	085
Thanks for dinner.	**Do I know you?**	**I've seen you before.**
[땡스 폴 디널]	[두아이 노유?]	[아입신유비폴]
저녁 잘 먹었습니다.	저 아세요?	당신을 본 적이 있는데…
Thanks for dinner.	Do I know you?	I've seen you before.
저녁 잘 먹었습니다.	저 아세요?	당신을 본 적이 있는데…

065

배트면 기초훈련

	086	087
1단계 **일단 듣기** 그림을 보며 네이티브의 음성을 들어보세요.		
2단계 **표현 보기** 표현을 보며 네이티브를 따라 읽어보세요.	Here's my card. [히얼즈마이카알드] 제 명함이에요.	I can't see anything. [아캔씨 애니띵] 아무것도 안 보여요.
3단계 **의미 확인** 영어를 큰 소리로 읽고 우리말로 말해보세요.	Here's my card.	I can't see anything.
4단계 **배트면 영어** 우리말을 큰 소리로 읽고 영어로 말해보세요.	제 명함이에요.	아무것도 안 보여요.

뱉으면 영어가 되는 훈련, 지금 시작해 볼까요?

🎧 Training 018.mp3

mp3는 느리게 ▶ 보통 ▶ 빠르게 3가지 속도가 변속으로 반복됩니다.

훈련영상 보기

088	089	090
The power is out.	**I'm scared.**	**What are you looking for?**
[더파월이즈 아웃]	[아임스캐얼드]	[와라유루킹폴?]
전기가 나갔어요.	나 무서워요.	뭐 찾고 있어요?
The power is out.	I'm scared.	What are you looking for?
전기가 나갔어요.	나 무서워요.	뭐 찾고 있어요?

067

배트맨 기초훈련

	091	092
1단계 **일단 듣기** 그림을 보며 네이티브의 음성을 들어보세요.		
2단계 **표현 보기** 표현을 보며 네이티브를 따라 읽어보세요.	**My feet are killing me.** [마이 핏트 알 킬링미] **발이 너무 아파요.**	**Let's get some sleep.** [렛츠겟썸 슬립] **우리 눈 좀 붙이자.**
3단계 **의미 확인** 영어를 큰 소리로 읽고 우리말로 말해보세요.	My feet are killing me.	Let's get some sleep.
4단계 **배트맨 영어** 우리말을 큰 소리로 읽고 영어로 말해보세요.	발이 너무 아파요.	우리 눈 좀 붙이자.

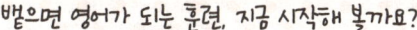  

 ▶ 보통 ▶ 빠르게 3가지 속도가 변속으로 반복됩니다.

093	094	095
I like it the way it is.	**Don't give up. Maybe it wasn't the right timing.**	**I've just been informed that it is snowing.**
[아이라킷 더 웨이미리즈]	[돈 기법. 매이비잇워즌더라잇 타이밍]	[아입저스트빈인폼드 댓잇쯔스노잉]
전 이대로가 좋아요.	포기하지 말아요. 타이밍이 아니었나 봐요.	방금 연락 받았는데 눈이 오고 있대요.
I like it the way it is.	Don't give up. Maybe it wasn't the right timing.	I've just been informed that it is snowing.
전 이대로가 좋아요.	포기하지 말아요. 타이밍이 아니었나 봐요.	방금 연락 받았는데 눈이 오고 있대요.

배트맨 기초훈련 20일

	096	097
1단계 · 일단 듣기 · 그림을 보며 네이티브의 음성을 들어보세요.		
2단계 · 표현 보기 · 표현을 보며 네이티브를 따라 읽어보세요.	**Do I have to go?** [두아이해브트고?] 제가 가야만 해요?	**You don't have to go there.** [유돈 해브트고데얼] 당신은 거기 갈 필요 없어요.
3단계 · 의미 확인 · 영어를 큰 소리로 읽고 우리말로 말해보세요.	Do I have to go?	You don't have to go there.
4단계 · 배트맨 영어 · 우리말을 큰 소리로 읽고 영어로 말해보세요.	제가 가야만 해요?	당신은 거기 갈 필요 없어요.

뱉으면 영어가 되는 훈련, 지금 시작해 볼까요?

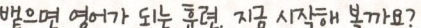 Training 020.mp3

훈련영상 보기

mp3는 느리게 ▶ 보통 ▶ 빠르게 3가지 속도가 변속으로 반복됩니다.

098

I'm ready to go out.
[아임 레디 루 고 아웃]
전 외출 준비 끝났어요.

I'm ready to go out.

전 외출 준비 끝났어요.

099

Where are you going?
[웨열 유 고잉?]
어디 가세요?

Where are you going?

어디 가세요?

100

I'm going home.
[아임 고잉 홈]
전 집에 가요.

I'm going home.

전 집에 가요.

071

중간점검 04 기초훈련 16~20일

	01	02

1단계
•대화 듣기•
그림을 보며 네이티브의 음성을 들어보세요.

2단계
•대화 보기•
표현을 보며 네이티브를 따라 읽어보세요.

01
A I really need to get in shape.
B So do I.

A 나 정말 몸매 관리 좀 해야 돼.
B 나도.

02
A I'm thinking about changing my hair color.
B Leave it. I like it the way it is.

A 나 머리 색 바꿀까 생각 중이야.
B 놔둬. 난 그대로가 좋은데.

3단계
•의미 확인•
영어를 큰 소리로 읽고 우리말로 말해보세요.

01
A I really need to get in shape.
B So do I.

A 나 정말 몸매 관리 좀 해야 돼.
B ____

02
A I'm thinking about changing my hair color.
B Leave it. I like it the way it is.

A 나 머리 색 바꿀까 생각 중이야.
B 놔둬. ____

4단계
•대화하기•
우리말을 큰 소리로 읽고 영어로 말해보세요.

01
A 나 정말 몸매 관리 좀 해야 돼.
B 나도.

A I really need to get in shape.
B ____

02
A 나 머리 색 바꿀까 생각 중이야.
B 놔둬. 난 그대로가 좋은데.

A I'm thinking about changing my hair color.
B Leave it. ____

지금까지 배운 표현 자신 있게 말할 수 있나요?
실전 대화에서 확인해 보세요.

Dialogue 04.mp3

03

A There's a spot on your tie.
B Where? **I can't see anything.**

A 넥타이에 뭐 묻었어.
B 어디? **아무것도 안 보이는데.**

04

A Oh no! I'm late. I'm going out.
B **Where are you going?**

A 이런! 늦었다. 저 나가요.
B **어디 가니?**

05

A Shall we go Dutch?
B No, no. **It's on me.** I insist.

A 더치페이 할까요?
B 아니에요. **제가 낼게요.** 제발요.

A There's a spot on your tie.
B Where? **I can't see anything.**

A 넥타이에 뭐 묻었어.
B 어디?

A Oh no! I'm late. I'm going out.
B **Where are you going?**

A 이런! 늦었다. 저 나가요.
B

A Shall we go Dutch?
B No, no. **It's on me.** I insist.

A 더치페이 할까요?
B 아니에요.
  제발요.

A 넥타이에 뭐 묻었어.
B 어디? **아무것도 안 보이는데.**

A There's a spot on your tie.
B Where?

A 이런! 늦었다. 저 나가요.
B **어디 가니?**

A Oh no! I'm late. I'm going out.
B

A 더치페이 할까요?
B 아니에요. **제가 낼게요.** 제발요.

A Shall we go Dutch?
B No, no.
  I insist.

뒷페이지에 계속 ➡

073

기초훈련 16~20일

08

A Lunch was great. Want to grab a coffee?
B I can't. **I gotta get back to work.**

A 점심 맛있었어. 커피 할까?
B 안 돼. **다시 일하러 가봐야 해.**

A Lunch was great. Want to grab a coffee?
B I can't. **I gotta get back to work.**

A 점심 맛있었어. 커피 할까?
B 안 돼.

A 점심 맛있었어. 커피 할까?
B 안 돼. **다시 일하러 가봐야 해.**

A Lunch was great. Want to grab a coffee?
B I can't.

09

A I didn't make it this time either.
B **Don't give up. Maybe it wasn't the right timing.**

A 이번에도 안 됐어.
B **포기하지 마. 타이밍이 아니었나 봐.**

A I didn't make it this time either.
B **Don't give up. Maybe it wasn't the right timing.**

A 이번에도 안 됐어.
B

A 이번에도 안 됐어.
B **포기하지 마. 타이밍이 아니었나 봐.**

A I didn't make it this time either.
B

10

A Honey, where are you? **I'm ready to go out.**
B I'll be there in a second.

A 여보, 어디야? **외출 준비 끝났어.**
B 잠깐만 금방 갈게.

A Honey, where are you? **I'm ready to go out.**
B I'll be there in a second.

A 여보, 어디야?
B 잠깐만 금방 갈게.

A 여보, 어디야? **외출 준비 끝났어.**
B 잠깐만 금방 갈게.

A Honey, where are you?
B I'll be there in a second.

배트맨 기초훈련 21일

	101	102
1단계 일단 듣기 그림을 보며 네이티브의 음성을 들어보세요.		
2단계 표현 보기 표현을 보며 네이티브를 따라 읽어보세요.	**as soon as possible** [애쑨애즈 파써블] **가능한 한 빨리**	**Get your work done.** [겟 유얼 월던] **일을 끝내.**
3단계 의미 확인 영어를 큰 소리로 읽고 우리말로 말해보세요.	as soon as possible	Get your work done.
4단계 배트맨 영어 우리말을 큰 소리로 읽고 영어로 말해보세요.	가능한 한 빨리	일을 끝내.

뱉으면 영어가 되는 훈련, 지금 시작해 볼까요?

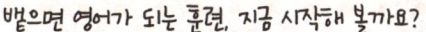 mp3는 느리게 ▶ 보통 ▶ 빠르게 3가지 속도가 변속으로 반복됩니다.

Training 021.mp3

103

Get your work done as soon as possible.

[겟 유얼 원던 애쑨애즈 파써블]

가능한 한 빨리 일을 끝내.

Get your work done as soon as possible.

가능한 한 빨리 일을 끝내.

104

I gotta get there.

[아이가라 겟데얼]

거기에 가야 해.

I gotta get there.

거기에 가야 해.

105

on time

[언 타임]

시간 맞춰서

on time

시간 맞춰서

배트맨 기초훈련

	106	107
1단계 그림을 보며 네이티브의 음성을 들어보세요.		
2단계 표현 보기 표현을 보며 네이티브를 따라 읽어보세요.	**I gotta get there on time.** [아이가라 겟데얼 언 타임] 나 거기에 시간 맞춰 가야 해.	**As you predicted.** [애쥬 프리딕티드] 네가 예상했던 대로.
3단계 의미 확인 영어를 큰 소리로 읽고 우리말로 말해보세요.	I gotta get there on time.	As you predicted.
4단계 배트맨 영어 우리말을 큰 소리로 읽고 영어로 말해보세요.	나 거기에 시간 맞춰 가야 해.	네가 예상했던 대로.

뱉으면 영어가 되는 훈련, 지금 시작해 볼까요?

mp3는 느리게 ▶ 보통 ▶ 빠르게 3가지 속도가 변속으로 반복됩니다.

108	109	110
I got you something.	**As you predicted, I broke up with him.**	**You may have noticed.**
[아갓츄 섬띵]	[애쥬 프리딕티드, 아이 브로컵 위딤]	[유매이햅 노리스트]
자기 주려고 뭐 하나 샀어요.	네가 예상했던 대로 그 사람이랑 헤어졌어.	네가 눈치 챘을 수도 있겠구나.
I got you something.	As you predicted, I broke up with him.	You may have noticed.
자기 주려고 뭐 하나 샀어요.	네가 예상했던 대로 그 사람이랑 헤어졌어.	네가 눈치 챘을 수도 있겠구나.

배트맨 기초훈련

	111	112
1단계 **일단 듣기** 그림을 보며 네이티브의 음성을 들어보세요.		
 **2단계** **표현 보기** 표현을 보며 네이티브를 따라 읽어보세요.	**I'm not a student.** [아임낫 어 스튜던트] **전 학생이 아니에요.**	**You need to relax.** [유니투 륄렉스] **마음을 편하게 먹어.**
3단계 **의미 확인** 영어를 큰 소리로 읽고 우리말로 말해보세요.	I'm not a student.	You need to relax.
4단계 **배트맨 영어** 우리말을 큰 소리로 읽고 영어로 말해보세요.	전 학생이 아니에요.	마음을 편하게 먹어.

뱉으면 영어가 되는 훈련, 지금 시작해 볼까요?

🎧 Training 023.mp3

🎧 mp3는 느리게 ▶ 보통 ▶ 빠르게 3가지 속도가 변속으로 반복됩니다.

훈련영상 보기

113	114	115
That's an easy fix.	**Is that so?**	**Tell me what's wrong.**
[댓쯔 언 이지퓍스]	[이즈댓 쏘?]	[텔미 왓츠휭?]
쉽게 해결할 수 있는 일이야.	진짜 그래요?	무슨 일인지 말해봐.
That's an easy fix.	Is that so?	Tell me what's wrong.
쉽게 해결할 수 있는 일이야.	진짜 그래요?	무슨 일인지 말해봐.

배트맨 기초훈련 24일

	116	117
1단계 **·일단 듣기·** 그림을 보며 네이티브의 음성을 들어보세요.		
2단계 **·표현 보기·** 표현을 보며 네이티브를 따라 읽어보세요.	I think I'm gonna puke. [아 띵크 아잉거나 퓨-크] 나 토할 것 같아.	Do something. [두 썸띵] 어떻게 좀 해봐.
3단계 **·의미 확인·** 영어를 큰 소리로 읽고 우리말로 말해보세요.	I think I'm gonna puke.	Do something.
4단계 **·배트맨 영어·** 우리말을 큰 소리로 읽고 영어로 말해보세요.	나 토할 것 같아.	어떻게 좀 해봐.

뱉으면 영어가 되는 훈련, 지금 시작해 볼까요?

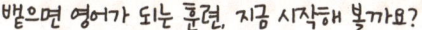

🎧 mp3는 ▶ ▶ 3가지 속도가 변속으로 반복됩니다.

훈련영상 보기

118

Take a stance.*
[테이커 스탠스]
줏대를 좀 가져.

Take a stance.

줏대를 좀 가져.

119

You are confident.
[유알 칸피던트]
넌 자신감이 넘쳐.

You are confident.

넌 자신감이 넘쳐.

120

You are energetic.
[유알 에너제틱]
넌 에너지가 넘쳐.

You are energetic.

넌 에너지가 넘쳐.

*Bonus 표현 설명은 p.358에서 확인하세요.

배트맨 기초훈련 25일

	121	122
1단계 · 일단 듣기 · 그림을 보며 네이티브의 음성을 들어보세요.		
2단계 · 표현 보기 · 표현을 보며 네이티브를 따라 읽어보세요.	**You are focused.** * [유알 포-커스트] 넌 목표의식이 확실해.	**I'm so embarrassed.** [아잉 쏘 임배러스트] 나 너무 쪽팔려.
3단계 · 의미 확인 · 영어를 큰 소리로 읽고 우리말로 말해보세요.	You are focused.	I'm so embarrassed.
4단계 · 배트맨 영어 · 우리말을 큰 소리로 읽고 영어로 말해보세요.	넌 목표의식이 확실해.	나 너무 쪽팔려.

●Bonus 표현 설명은 p.359에서 확인하세요.

뱉으면 영어가 되는 훈련, 지금 시작해 볼까요?

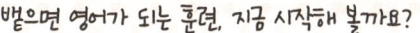

🎧 mp3는 ▶ ▶ 3가지 속도가 변속으로 반복됩니다.

 Training 025.mp3

훈련영상 보기

123	124	125
Can we talk?	**I have nothing to say.**	**I need your help.**
[캔위 톡?]	[아이햅 낫띵 투 쌔이]	[아-니쥬열 헬프]
우리 얘기 좀 할까?	난 할 말이 없어.	네 도움이 필요해.
Can we talk?	I have nothing to say.	I need your help.
우리 얘기 좀 할까?	난 할 말이 없어.	네 도움이 필요해.

085

중간점검 05 기초훈련 21~25일

	01	02
1단계 · 대화 듣기 · 그림을 보며 네이티브의 음성을 들어보세요.		
2단계 · 대화 보기 · 표현을 보며 네이티브를 따라 읽어보세요.	A I can't believe you did that. B I have nothing to say. A 네가 그랬다니 믿기지 않아. B 난 할 말이 없어.	A I feel so blue today. B Tell me what's wrong. A 오늘 기분 너무 우울해. B 무슨 일인지 말해봐.
3단계 · 의미 확인 · 영어를 큰 소리로 읽고 우리말로 말해보세요.	A I can't believe you did that. B I have nothing to say. A 네가 그랬다니 믿기지 않아. B	A I feel so blue today. B Tell me what's wrong. A 오늘 기분 너무 우울해. B
4단계 · 대화하기 · 우리말을 큰 소리로 읽고 영어로 말해보세요.	A 네가 그랬다니 믿기지 않아. B 난 할 말이 없어. A I can't believe you did that. B	A 오늘 기분 너무 우울해. B 무슨 일인지 말해봐. A I feel so blue today. B

지금까지 배운 표현 자신 있게 말할 수 있나요?
실전 대화에서 확인해 보세요.

03

A Can you drive a little faster? **I gotta get there on time.**
B Sure thing!

A 좀더 빨리 운전해 주실래요? **시간에 맞춰서 가야 해서요.**
B 물론이죠!

A Can you drive a little faster? **I gotta get there on time.**
B Sure thing!

A 좀더 빨리 운전해 주실래요?
B 물론이죠!

A 좀더 빨리 운전해 주실래요? **시간에 맞춰서 가야 해서요.**
B 물론이죠!

A Can you drive a little faster?
B Sure thing!

04

A I can't take this job anymore.
B **You need to relax.** It's not that bad.

A 더 이상 이 일 못해 먹겠어.
B **마음을 편하게 먹어.** 그렇게 나쁘진 않아.

A I can't take this job anymore.
B
   그렇게 나쁘진 않아.

A 더 이상 이 일 못해 먹겠어.
B **마음을 편하게 먹어.** 그렇게 나쁘진 않아.

A I can't take this job anymore.
B
   It's not that bad.

05

A **I got you something on my trip to Spain.**
B Oh, you shouldn't have. Thanks!

A 스페인 여행에서 **너 주려고 뭐 좀 샀어.**
B 어머! 그럴 필요 없었는데, 고마워!

A **I got you something on my trip to Spain.**
B Oh, you shouldn't have. Thanks!

A
B 어머! 그럴 필요 없었는데, 고마워!

A 스페인 여행에서 너 주려고 뭐 좀 샀어.
B 어머! 그럴 필요 없었는데, 고마워!

A
B Oh, you shouldn't have. Thanks!

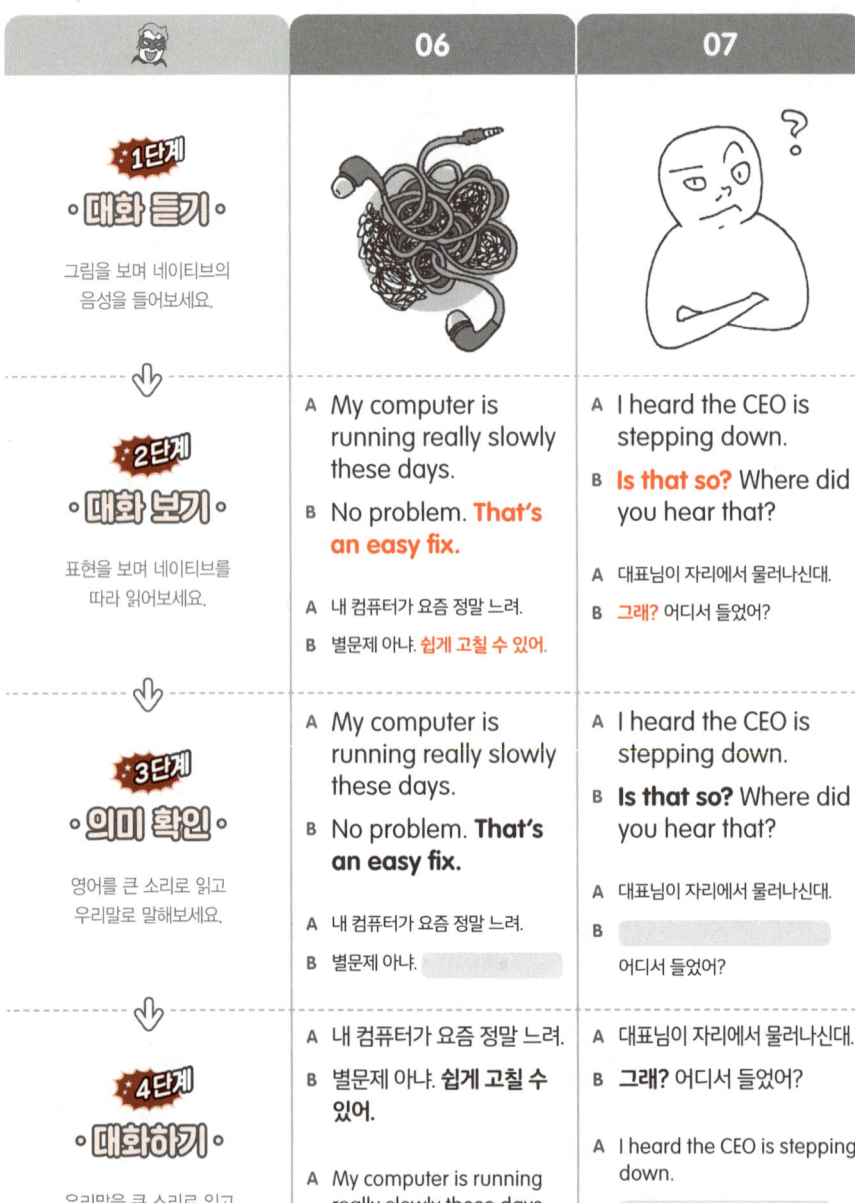

기초훈련 21~25일

08

A **As you predicted, I broke up with him.**
B Now will you listen to me?

A 네가 예상했던 대로 그 사람이랑 헤어졌어.
B 이제 내 말 들을 거야?

A **As you predicted, I broke up with him.**
B Now will you listen to me?

A
B 이제 내 말 들을 거야?

A 네가 예상했던 대로 그 사람이랑 헤어졌어.
B 이제 내 말 들을 거야?

A
B Now will you listen to me?

09

A You don't look so good.
B **I think I'm gonna puke.**

A 얼굴 많이 안 좋아 보여.
B 나 토할 거 같아.

A You don't look so good.
B **I think I'm gonna puke.**

A 얼굴 많이 안 좋아 보여.
B

A 얼굴 많이 안 좋아 보여.
B 나 토할 거 같아.

A You don't look so good.
B

10

A **Do something!**
B Wait! Let me think first.

A 어떻게 좀 해봐요!
B 잠깐만요! 생각 좀 해보고요.

A **Do something!**
B Wait! Let me think first.

A
B 잠깐만요! 생각 좀 해보고요.

A 어떻게 좀 해봐요!
B 잠깐만요! 생각 좀 해보고요.

A
B Wait! Let me think first.

089

배트먼 기초훈련

	126	127
1단계 · 일단 듣기 · 그림을 보며 네이티브의 음성을 들어보세요.		
2단계 · 표현 보기 · 표현을 보며 네이티브를 따라 읽어보세요.	**All I want is to be happy.** [올아이원 이즈투비 해-피] 난 행복해지고 싶을 뿐이야.	**That's what I want.** [댓츠 와라이원트] 그게 내가 바라는 바야.
3단계 · 의미 확인 · 영어를 큰 소리로 읽고 우리말로 말해보세요.	All I want is to be happy. 	That's what I want. 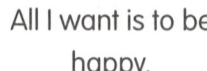
4단계 · 배트면 영어 · 우리말을 큰 소리로 읽고 영어로 말해보세요.	난 행복해지고 싶을 뿐이야.	그게 내가 바라는 바야.

뱉으면 영어가 되는 훈련, 지금 시작해 볼까요?
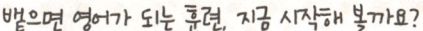 Training 026.mp3

mp3는 ▶ ▶ 3가지 속도가 변속으로 반복됩니다.

128	129	130
No one will stop me.	**I think you're overreacting.**	**I don't think I can take it anymore.**
[노원울 스땁미]	[아띵크 유얼 오벌 리액팅]	[아돈띵크 아캔 테이킷 애니모얼]
어느 누구도 날 막을 수 없을 거야.	너 과민하게 반응하는 거 같아.	나 더 이상 못 참아.
No one will stop me.	I think you're overreacting.	I don't think I can take it anymore.
어느 누구도 날 막을 수 없을 거야.	너 과민하게 반응하는 거 같아.	나 더 이상 못 참아.

배트맨 기초훈련 27일

	131	132
1단계 **·일단 듣기·** 그림을 보며 네이티브의 음성을 들어보세요.		
2단계 **·표현 보기·** 표현을 보며 네이티브를 따라 읽어보세요.	You think he's lying? [유 띵크 히즈라잉?] 그 사람이 거짓말하는 것 같아?	I took a peek at his diary. [아이 투커피크 앳히즈 다이어리] 그 사람의 일기를 몰래 봤어.
3단계 **·의미 확인·** 영어를 큰 소리로 읽고 우리말로 말해보세요.	You think he's lying?	I took a peek at his diary.
4단계 **·배트맨 영어·** 우리말을 큰 소리로 읽고 영어로 말해보세요.	그 사람이 거짓말하는 것 같아?	그 사람의 일기를 몰래 봤어.

뱉으면 영어가 되는 훈련, 지금 시작해 볼까요?

mp3는 느리게 ▶ 보통 ▶ 빠르게 3가지 속도가 변속으로 반복됩니다.

133

I don't know if I should believe you.

[아이돈노 이쁘아이슏 빌리뷰]

널 믿어야 할지 모르겠어.

I don't know if I should believe you.

널 믿어야 할지 모르겠어.

134

What are you talking about?

[와라유 토킹어바웃?]

대체 무슨 말하는 거야?

What are you talking about?

대체 무슨 말하는 거야?

135

I don't know if I can handle it.

[아이돈노 이프아캔 핸들릿]

내가 그걸 감당할 수 있을지 모르겠다구.

I don't know if I can handle it.

내가 그걸 감당할 수 있을지 모르겠다구.

093

배트면 기초훈련 28일

	136	137
1단계 · 일단 듣기 · 그림을 보며 네이티브의 음성을 들어보세요.		
2단계 · 표현 보기 · 표현을 보며 네이티브를 따라 읽어보세요.	**Sorry, I can't help it.** [써뤼, 아캔- 헬핏] 미안해요, 어쩔 수 없어요.	**Awesome!** [어-썸!] 와우! 멋진데?
3단계 · 의미 확인 · 영어를 큰 소리로 읽고 우리말로 말해보세요.	Sorry, I can't help it.	Awesome!
4단계 · 배트면 영어 · 우리말을 큰 소리로 읽고 영어로 말해보세요.	미안해요, 어쩔 수 없어요.	와우! 멋진데?

뱉으면 영어가 되는 훈련, 지금 시작해 볼까요?

🎧 mp3는 느리게 ▶ 보통 ▶ 빠르게 3가지 속도가 변속으로 반복됩니다.

🎧 Training 028.mp3

훈련영상 보기

138	139	140
Anybody home?	Honey, I'm home.*	I'm not in the mood.
[애니바리 홈?]	[허니, 아잉 호옴]	[아임낫 인더 무-드]
집에 누구 있어요?	자기야, 나 왔어.	나 그럴 기분 아니야.
Anybody home?	Honey, I'm home.	I'm not in the mood.
집에 누구 있어요?	자기야, 나 왔어.	나 그럴 기분 아니야.

*Bonus 표현 설명은 p.359에서 확인하세요.

배트맨 기초훈련

	141	142
1단계 **일단 듣기** 그림을 보며 네이티브의 음성을 들어보세요.		
2단계 **표현 보기** 표현을 보며 네이티브를 따라 읽어보세요.	I have a lot of work to do. [아햅 얼랏어브 월트두] 나 할 일이 많아.	if you ask me [이퓨 에스크 미] 내 생각엔 말야~
3단계 **의미 확인** 영어를 큰 소리로 읽고 우리말로 말해보세요.	I have a lot of work to do.	if you ask me
4단계 **배트면 영어** 우리말을 큰 소리로 읽고 영어로 말해보세요.	나 할 일이 많아.	내 생각엔 말야~

뱉으면 영어가 되는 훈련, 지금 시작해 볼까요?

🎧 mp3는 느리게 ▶ 보통 ▶ 빠르게 3가지 속도가 변속으로 반복됩니다.

143	144	145
We got lost.	**Where am I?**	**I got lost.**
[위갓 로스트]	[웨얼앰 아이?]	[아이갓 로스트]
우리 길 잘못 들었어.	여기가 어디지?	나 길을 잃었어요.
We got lost.	Where am I?	I got lost.
우리 길 잘못 들었어	여기가 어디지?	나 길을 잃었어요.

배트면 기초훈련

	146	147
1단계 **· 일단 듣기 ·** 그림을 보며 네이티브의 음성을 들어보세요.		
2단계 **· 표현 보기 ·** 표현을 보며 네이티브를 따라 읽어보세요.	**as of right now** [애저브 라잇나우] **지금으로서는**	**There is no other way.** [데얼이즈 노 어덜웨이] **다른 방법이 없어.**
3단계 **· 의미 확인 ·** 영어를 큰 소리로 읽고 우리말로 말해보세요.	as of right now	There is no other way.
4단계 **· 배트면 영어 ·** 우리말을 큰 소리로 읽고 영어로 말해보세요.	지금으로서는	다른 방법이 없어.

뱉으면 영어가 되는 훈련, 지금 시작해 볼까요?

🎧 Training 030.mp3

🎧 mp3는 느리게 ▶ 보통 ▶ 빠르게 3가지 속도가 변속으로 반복됩니다.

훈련영상 보기

148

As of right now, there is no other way.

[애저브 롸잇나우, 데얼이즈 노 어덜웨이]

지금으로서는 다른 방법이 없어.

As of right now, there is no other way.

지금으로서는 다른 방법이 없어.

149

I doubt it.

[아이 다우릿]

글쎄요, 의심이 가는데요.

I doubt it.

글쎄요, 의심이 가는데요.

150

Don't get too serious.

[돈겟투- 씨어리어스]

너무 심각하게 그러지 말아요.

Don't get too serious.

너무 심각하게 그러지 말아요.

099

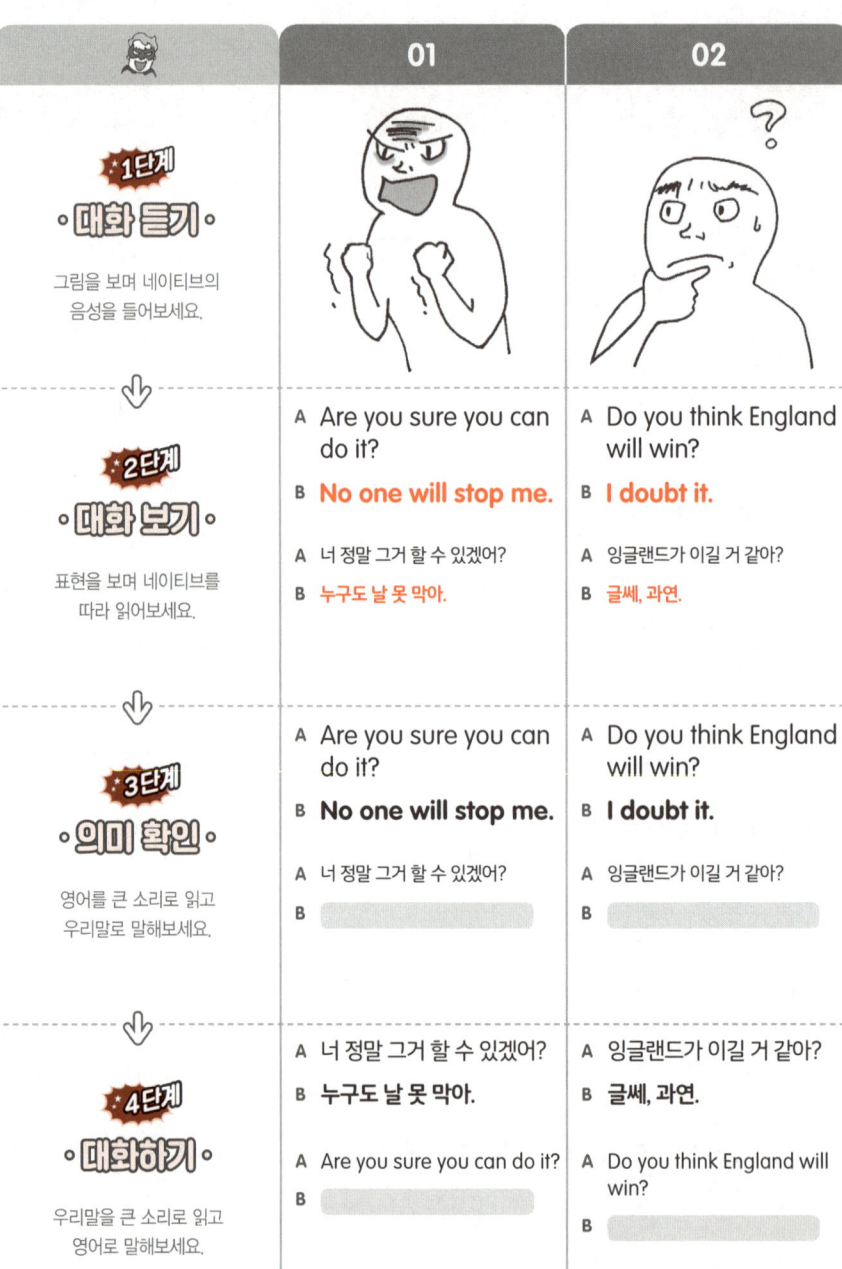

지금까지 배운 표현 자신 있게 말할 수 있나요?
실전 대화에서 확인해 보세요.

 Dialogue 06.mp3

03

A It seems like this information is true.
B **I don't know if I can handle it.**

A 이 정보가 사실인 거 같아.
B 내가 그걸 감당할 수 있을지 모르겠어.

A It seems like this information is true.
B **I don't know if I can handle it.**

A 이 정보가 사실인 거 같아.
B

A 이 정보가 사실인 거 같아.
B 내가 그걸 감당할 수 있을지 모르겠어.

A It seems like this information is true.
B

04

A I got a promotion and a bonus today!
B **Awesome!**

A 나 오늘 승진하고 보너스도 받았어!
B 와우! 멋진데?

A I got a promotion and a bonus today!
B **Awesome!**

A 나 오늘 승진하고 보너스도 받았어!
B

A 나 오늘 승진하고 보너스도 받았어!
B 와우! 멋진데?

A I got a promotion and a bonus today!
B

05

A What took you so long?
B **We got lost.**

A 너네 왜 이렇게 오래 걸렸어?
B 길을 잘못 들었어.

A What took you so long?
B **We got lost.**

A 너네 왜 이렇게 오래 걸렸어?
B

A 너네 왜 이렇게 오래 걸렸어?
B 길을 잘못 들었어.

A What took you so long?
B

중간점검 06

	06	07

1단계
대화 듣기

그림을 보며 네이티브의
음성을 들어보세요.

2단계
대화 보기

표현을 보며 네이티브를
따라 읽어보세요.

A **Honey, I'm home.**
B Oh! You're early today!

A 자기야, 나 왔어.
B 오! 여보 일찍 왔네!

A **As of right now, there is no other way.**
B Okay, then call me when you find the way.

A 지금으로선 다른 방법이 없네요.
B 그럼 방법을 찾으면 전화 주세요.

3단계
의미 확인

영어를 큰 소리로 읽고
우리말로 말해보세요.

A **Honey, I'm home.**
B Oh! You're early today!

A ▭
B 오! 여보 일찍 왔네!

A **As of right now, there is no other way.**
B Okay, then call me when you find the way.

A ▭
B 그럼 방법을 찾으면 전화 주세요.

4단계
대화하기

우리말을 큰 소리로 읽고
영어로 말해보세요.

A 자기야, 나 왔어.
B 오! 여보 일찍 왔네!

A ▭
B Oh! You're early today!

A 지금으로선 다른 방법이 없네요.
B 그럼 방법을 찾으면 전화 주세요.

A ▭
B Okay, then call me when you find the way.

기초훈련 26~30일

08

A I don't work on weekends.
B **That's what I want.**

A 난 주말에 일 안 해.
B **그게 내가 바라는 거야.**

A I don't work on weekends.
B **That's what I want.**

A 난 주말에 일 안 해.
B

A 난 주말에 일 안 해.
B **그게 내가 바라는 거야.**

A I don't work on weekends.
B

09

A How do you know that?
B **I took a peek at his diary.**

A 그걸 어떻게 알고 있어?
B **그 사람의 일기를 몰래 봤어.**

A How do you know that?
B **I took a peek at his diary.**

A 그걸 어떻게 알고 있어?
B

A 그걸 어떻게 알고 있어?
B **그 사람의 일기를 몰래 봤어.**

A How do you know that?
B

10

A **All I want is to be happy.**
B Well, they say happiness starts from within.

A **난 행복해지고 싶을 뿐이야.**
B 음, 행복은 마음 속에서 시작된대.

A **All I want is to be happy.**
B Well, they say happiness starts from within.

A
B 음, 행복은 마음 속에서 시작된대.

A **난 행복해지고 싶을 뿐이야.**
B 음, 행복은 마음 속에서 시작된대.

A
B Well, they say happiness starts from within.

배트맨 기초훈련 31일

	151	152
1단계 · 일단 듣기 · 그림을 보며 네이티브의 음성을 들어보세요.		
2단계 · 표현 보기 · 표현을 보며 네이티브를 따라 읽어보세요.	**I am single.** *Bonus [아엠 싱글] 전 미혼이에요.	**I'm sorry.** [아임 쏘뤼] 미안해요.
3단계 · 의미 확인 · 영어를 큰 소리로 읽고 우리말로 말해보세요.	I am single.	I'm sorry.
4단계 · 배트맨 영어 · 우리말을 큰 소리로 읽고 영어로 말해보세요.	전 미혼이에요.	미안해요.

● Bonus 표현 설명은 p.359에서 확인하세요.

뱉으면 영어가 되는 훈련, 지금 시작해 볼까요?

🎧 mp3는 ▶ ▶ 3가지 속도가 변속으로 반복됩니다.

153	154	155
I am impressed.	**What's so funny?**	**Let's get down to business.***
[아엠 임프레스트]	[왓츠소 퍼니?]	[렛츠 겟다운투 비즈니스]
감동받았어요.	뭐가 그렇게 웃겨?	이제 본격적으로 일을 합시다.
I am impressed.	What's so funny?	Let's get down to business.
감동받았어요.	뭐가 그렇게 웃겨?	이제 본격적으로 일을 합시다.

●Bonus 표현 설명은 p.359에서 확인하세요.

배트면 기초훈련 32일

	156	157
1단계 **일단 듣기** 그림을 보며 네이티브의 음성을 들어보세요.		
⬇		Bonus
2단계 **표현 보기** 표현을 보며 네이티브를 따라 읽어보세요.	**Large or small?** [랄-쥐 오얼 스몰?] 큰 거요 아님 작은 거요?	**Say cheese!*** [새이 취이즈!] 김치!
⬇		
3단계 **의미 확인** 영어를 큰 소리로 읽고 우리말로 말해보세요.	Large or small?	Say cheese!
⬇		
4단계 **배트면 영어** 우리말을 큰 소리로 읽고 영어로 말해보세요.	큰 거요 아님 작은 거요?	김치!

*Bonus 표현 설명은 p.359에서 확인하세요.

뱉으면 영어가 되는 훈련, 지금 시작해 볼까요?

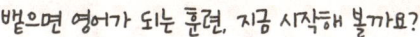

훈련영상 보기

mp3는 느리게 ▶ 보통 ▶ 빠르게 3가지 속도가 변속으로 반복됩니다.

158	159	160

I'm pissed off!*
[아임 피스트오프!]

나 열 무지하게 받았다고!

Don't work too hard.
[돈 월투 할-드]

쉬엄쉬엄 일해.
수고해~

Never say die.*
[네벌새이 다-이]

죽는다는 소리 마.

I'm pissed off!

Don't work too hard.

Never say die.

나 열 무지하게 받았다고!

쉬엄쉬엄 일해.
수고해~

죽는다는 소리 마.

●Bonus 표현 설명은 p.359, 360에서 확인하세요.

배트맨 기초훈련

	161	162
1단계 · 일단 듣기 · 그림을 보며 네이티브의 음성을 들어보세요.		
2단계 · 표현 보기 · 표현을 보며 네이티브를 따라 읽어보세요.	**Next time.*** [넥스타임] 다음 번에.	**Keep the change.** [킵더 체인쥐] 잔돈은 가지세요.
3단계 · 의미 확인 · 영어를 큰 소리로 읽고 우리말로 말해보세요.	Next time.	Keep the change.
4단계 · 배트면 영어 · 우리말을 큰 소리로 읽고 영어로 말해보세요.	다음 번에.	잔돈은 가지세요.

●Bonus 표현 설명은 p.360에서 확인하세요.

뱉으면 영어가 되는 훈련, 지금 시작해 볼까요?

🎧 mp3는 느리게 ▶ 보통 ▶ 빠르게 3가지 속도가 변속으로 반복됩니다.

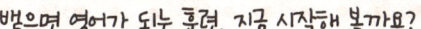 Training 033.mp3

훈련영상 보기

163	164	165
Do it all over again.	**Why so cruel?**	**Why so mean?**
[두잇 올오벌어겐]	[와이 쏘 크루울?]	[와이 쏘 민?]
다 다시 하세요.	사람이 왜 그렇게 잔인하니?	사람이 왜 그렇게 못됐니?
Do it all over again.	Why so cruel?	Why so mean?
다 다시 하세요.	사람이 왜 그렇게 잔인하니?	사람이 왜 그렇게 못됐니?

배트맨 기초훈련 34일

	166	167
1단계 **• 일단 듣기 •** 그림을 보며 네이티브의 음성을 들어보세요.		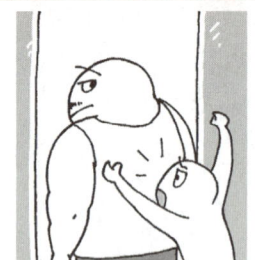
2단계 **• 표현 보기 •** 표현을 보며 네이티브를 따라 읽어보세요.	**Wait in the car.** [웨이린더카알] **차에서 기다려.**	**Keep out of my way.** [키입 아우로브 마이웨이] **길 막지 마세요.**
3단계 **• 의미 확인 •** 영어를 큰 소리로 읽고 우리말로 말해보세요.	Wait in the car.	Keep out of my way.
4단계 **• 배트맨 영어 •** 우리말을 큰 소리로 읽고 영어로 말해보세요.	차에서 기다려.	길 막지 마세요.

뺄으면 영어가 되는 훈련, 지금 시작해 볼까요?

🎧 mp3는 ▶ ▶ 3가지 속도가 변속으로 반복됩니다.

 Training 034.mp3

훈련영상 보기

168	169	170
	*Bonus	
One more time.	**Let's go over* it.**	**Let's go over it one more time.**
[원모얼타임]	[렛츠고 오벌잇]	[렛츠고 오벌잇 원모얼타임]
한 번 더.	살펴보자.	한 번 더 살펴봅시다.
One more time.	Let's go over it.	Let's go over it one more time.
한 번 더.	살펴보자.	한 번 더 살펴봅시다.

●Bonus 표현 설명은 p.360에서 확인하세요.

배트면 기초훈련 35일

	171	172
1단계 **· 일단 듣기 ·** 그림을 보며 네이티브의 음성을 들어보세요.		
 **· 표현 보기 ·** 표현을 보며 네이티브를 따라 읽어보세요.	**By tomorrow.** [바이 투마로] 내일까지.	**You did a good job.** [유디더 굿좝] 잘했어.
3단계  **· 의미 확인 ·** 영어를 큰 소리로 읽고 우리말로 말해보세요.	By tomorrow.	You did a good job.
4단계 **· 배트면 영어 ·** 우리말을 큰 소리로 읽고 영어로 말해보세요.	내일까지.	잘했어.

뱉으면 영어가 되는 훈련, 지금 시작해 볼까요?

Training 035.mp3

mp3는 느리게 ▶ 보통 ▶ 빠르게 3가지 속도가 번속으로 반복됩니다.

173	174	175
It's not fair.	You give up easily.	You disappointed me.
[잇츠낫 f페얼]	[유기v법 이v질리]	[유 디써포이닛 미]
이건 불공평해.	넌 쉽게 포기해.	너 날 실망시켰어.
It's not fair.	You give up easily.	You disappointed me.
이건 불공평해.	넌 쉽게 포기해.	너 날 실망시켰어.

중간점검 07

	01	02
 **1단계** • 대화 듣기 • 그림을 보며 네이티브의 음성을 들어보세요.		
 2단계 • 대화 보기 • 표현을 보며 네이티브를 따라 읽어보세요.	A I think that's enough. B **Just one more time.** A 그거면 된 거 같아. B **딱 한 번만 더 해볼게.**	A There's no way this is going to work. B **Never say die.** A 이건 될 수가 없는 일이야. B **죽는 소리 마.**
3단계 • 의미 확인 • 영어를 큰 소리로 읽고 우리말로 말해보세요.	A I think that's enough. B **Just one more time.** A 그거면 된 거 같아. B	A There's no way this is going to work. B **Never say die.** A 이건 될 수가 없는 일이야. B
4단계 • 대화하기 • 우리말을 큰 소리로 읽고 영어로 말해보세요.	A 그거면 된 거 같아. B 딱 한 번만 더 해볼게. A I think that's enough. B	A 이건 될 수가 없는 일이야. B 죽는 소리 마. A There's no way this is going to work. B

지금까지 배운 표현 자신 있게 말할 수 있나요?
실전 대화에서 확인해 보세요.

 Dialogue 07.mp3

03

A I brought the files you asked for.
B Alright. **Let's get down to business.**

A 요청하신 파일 가져 왔습니다.
B 좋아요. **그럼 본격적으로 해볼까요!**

A I brought the files you asked for.
B Alright. **Let's get down to business.**

A 요청하신 파일 가져 왔습니다.
B 좋아요.

A 요청하신 파일 가져 왔습니다.
B 좋아요. **그럼 본격적으로 해볼까요!**

A I brought the files you asked for.
B All right.

04

A This won't take long. **Just wait in the car.**
B Ok. Hurry.

A 오래 걸리지 않을 거야. **차에서 기다려.**
B 알았어. 빨리 해.

A This won't take long. **Just wait in the car.**
B Ok. Hurry.

A 오래 걸리지 않을 거야.
B 알았어. 빨리 해.

A 오래 걸리지 않을 거야. **차에서 기다려.**
B 알았어. 빨리 해.

A This won't take long.
B Ok. Hurry.

05

A Sorry. When did you say you need this?
B **By tomorrow.**

A 미안해요. 이게 언제 필요하다고 했죠?
B **내일까지요.**

A Sorry. When did you say you need this?
B **By tomorrow.**

A 미안해요. 이게 언제 필요하다고 했죠?
B

A 미안해요. 이게 언제 필요하다고 했죠?
B **내일까지요.**

A Sorry. When did you say you need this?
B

기초훈련 31~35일

08	09	10

08

A I'm pretty sure this is finished.
B **Let's go over it together.**

A 이거 이제 다 된 거 같아.
B 같이 **한번 살펴보자.**

09

A **$17.85 from twenty is $2.15.**
B That's all right. **Keep the change.**

A 20달러 받았고, 17달러 85센트에 대한 잔돈 2달러 15센트입니다.
B 괜찮아요. **잔돈은 가지세요.**

10

A **Why are you being so cruel?**
B I'm not. I'm just intentionally strict.

A **사람이 왜 그렇게 잔인하니?**
B 그게 아니고, 일부러 엄격하게 구는 거 뿐이야.

A I'm pretty sure this is finished.
B **Let's go over it together.**

A 이거 이제 다 된 거 같아.
B

A **$17.85 from twenty is $2.15.**
B That's all right. **Keep the change.**

A 20달러 받았고, 17달러 85센트에 대한 잔돈 2달러 15센트입니다.
B 괜찮아요.

A **Why are you being so cruel?**
B I'm not. I'm just intentionally strict.

A
B 그게 아니고, 일부러 엄격하게 구는 거 뿐이야.

A 이거 이제 다 된 거 같아.
B 같이 한번 살펴보자.

A I'm pretty sure this is finished.
B

A 20달러 받았고, 17달러 85센트에 대한 잔돈 2달러 15센트입니다.
B 괜찮아요. **잔돈은 가지세요.**

A $17.85 from twenty is $2.15.
B That's all right.

A 사람이 왜 그렇게 잔인하니?
B 그게 아니고, 일부러 엄격하게 구는 거 뿐이야.

A
B I'm not. I'm just intentionally strict.

배트맨 기초훈련

	176	177
1단계 · 일단 듣기 그림을 보며 네이티브의 음성을 들어보세요.	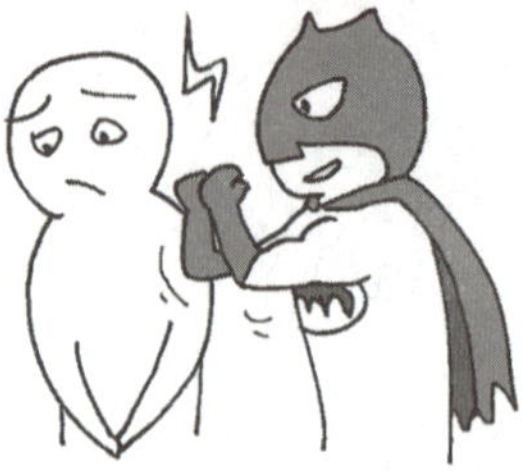	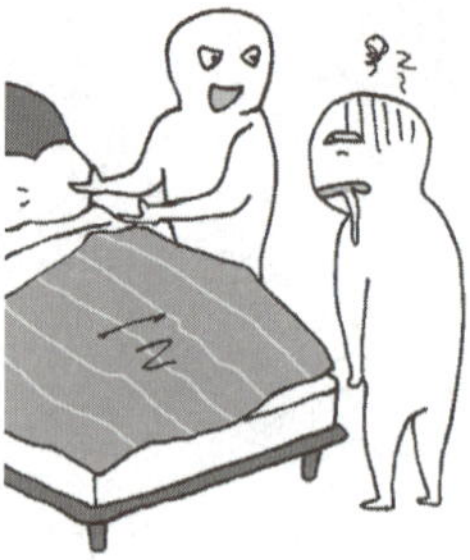
2단계 · 표현 보기 표현을 보며 네이티브를 따라 읽어보세요.	**Keep your chin up.*** [키퓨얼 친업] 기운 내.	**Get some sleep.** [겟썸 슬립] 잠 좀 자.
3단계 · 의미 확인 영어를 큰 소리로 읽고 우리말로 말해보세요.	Keep your chin up.	Get some sleep.
4단계 · 배트맨 영어 우리말을 큰 소리로 읽고 영어로 말해보세요.	기운 내.	잠 좀 자.

*Bonus 표현 설명은 p.360에서 확인하세요.

뱉으면 영어가 되는 훈련, 지금 시작해 볼까요?

🎧 Training 036.mp3

훈련영상 보기

🎧 mp3는 느리게 ▶ 보통 ▶ 빠르게 3가지 속도가 변속으로 반복됩니다.

178	179	180
It's not illegal.	What's wrong with my computer?	Money talks.
[잇츠낫일리걸]	[와츠휭 위드마이컴퓨럴?]	[머니 톡스]
그건 불법이 아니야.	내 컴퓨터가 왜 이러지?	돈이면 다 되지.
It's not illegal.	What's wrong with my computer?	Money talks.
그건 불법이 아니야.	내 컴퓨터가 왜 이러지?	돈이면 다 되지.

배트맨 기초훈련

	181	182
1단계 **일단 듣기** 그림을 보며 네이티브의 음성을 들어보세요.		
2단계 **표현 보기** 표현을 보며 네이티브를 따라 읽어보세요.	**Maybe not.** [메이비 낫] 그렇지 않을지도 몰라.	**Make yourself at home.** [메이큐얼셀프 앳 홈] 집처럼 편하게 하세요.
3단계 **의미 확인** 영어를 큰 소리로 읽고 우리말로 말해보세요.	Maybe not.	Make yourself at home.
4단계 **배트면 영어** 우리말을 큰 소리로 읽고 영어로 말해보세요.	그렇지 않을지도 몰라.	집처럼 편하게 하세요.

뱉으면 영어가 되는 훈련, 지금 시작해 볼까요?

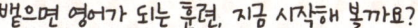 Training 037.mp3

훈련영상 보기

🎧 mp3는 느리게 ▶ 보통 ▶ 빠르게 3가지 속도가 변속으로 반복됩니다.

183	184	185
Let me think about it.	**Shame on you.**	**Think about others.**
[렛미 띵커바우릿]	[쉐임 온유]	[띵크어바웃 어덜스]
생각 좀 해볼게요.	창피한 줄 알아.	다른 사람들 배려 좀 해.
Let me think about it.	Shame on you.	Think about others.
생각 좀 해볼게요.	창피한 줄 알아.	다른 사람들 배려 좀 해.

배트맨 기초훈련

	186	187
1단계 **· 일단 듣기 ·** 그림을 보며 네이티브의 음성을 들어보세요.		
 **2단계** **· 표현 보기 ·** 표현을 보며 네이티브를 따라 읽어보세요.	**Sweet dreams.** [스윗 드림즈] 잘자요~	**Thanks for calling me.** [땡스 폴 콜링미] 전화 주셔서 감사해요.
3단계 **· 의미 확인 ·** 영어를 큰 소리로 읽고 우리말로 말해보세요.	Sweet dreams.	Thanks for calling me.
4단계 **· 배트면 영어 ·** 우리말을 큰 소리로 읽고 영어로 말해보세요.	잘자요~	전화 주셔서 감사해요.

뱉으면 영어가 되는 훈련, 지금 시작해 볼까요?

🎧 mp3는 느리게 ▶ 보통 ▶ 빠르게 3가지 속도가 변속으로 반복됩니다.

🎧 **Training 038.mp3**

훈련영상 보기

188

Thanks for the ride.

[땡스 폴더라이드]

태워다줘서 고마워요.

Thanks for the ride.

태워다줘서 고마워요.

189

Thanks for everything.

[땡스 폴 에브리띵]

여러모로 감사해요.

Thanks for everything.

여러모로 감사해요.

190

You win.

[유윈]

당신이 이겼어요.

You win.

당신이 이겼어요.

배트면 기초훈련 39일

	191	192
1단계 **• 일단 듣기 •** 그림을 보며 네이티브의 음성을 들어보세요.		
2단계 **• 표현 보기 •** 표현을 보며 네이티브를 따라 읽어보세요.	He's a nice guy. [히즈어 나이스가이] 그는 좋은 사람이야.	Are you sure? [알유슈열?] 확실해요?
3단계 **• 의미 확인 •** 영어를 큰 소리로 읽고 우리말로 말해보세요.	He's a nice guy.	Are you sure?
4단계 **• 배트면 영어 •** 우리말을 큰 소리로 읽고 영어로 말해보세요.	그는 좋은 사람이야.	확실해요?

뱉으면 영어가 되는 훈련, 지금 시작해 볼까요?

mp3는 느리게 ▶ 보통 ▶ 빠르게 3가지 속도가 변속으로 반복됩니다.

Training 039.mp3

193

He's not two-timing you?

[히즈낫 투타이밍 유?]

그 사람 양다리 걸치는 거 아니야?

194

Are you sure he's not two-timing you?

[알유슈얼 히즈낫 투타이밍 유?]

그 사람이 너 몰래 양다리 걸치지 않는 거 확실해?

195

You look good.

[유룩굿]

좋아 보이네요.

He's not two-timing you?

Are you sure he's not two-timing you?

You look good.

그 사람 양다리 걸치는 거 아니야?

그 사람이 너 몰래 양다리 걸치지 않는 거 확실해?

좋아 보이네요.

배트맨 기초훈련

	196	197
1단계 • 일단 듣기 • 그림을 보며 네이티브의 음성을 들어보세요.		
2단계 • 표현 보기 • 표현을 보며 네이티브를 따라 읽어보세요.	**Who's there?** [후즈 데열?] **거기 누구예요?**	**I'm having boy troubles.** [아임해빙 보이츄러블즈] **남자문제가 있어요.**
3단계 • 의미 확인 • 영어를 큰 소리로 읽고 우리말로 말해보세요.	Who's there?	I'm having boy troubles.
4단계 • 배트맨 영어 • 우리말을 큰 소리로 읽고 영어로 말해보세요.	거기 누구예요?	남자문제가 있어요.

뱉으면 영어가 되는 훈련, 지금 시작해 볼까요?

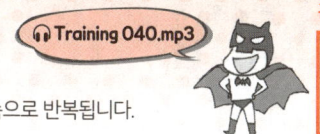

mp3는 ▶ ▶ 빠르게 3가지 속도가 변속으로 반복됩니다.

198	199	200
Many thanks in advance. [매니땡스 인어드밴스] 미리 감사드려요.	**Lucky you!** [럭키유!] 자네 운 좋았어!	**Nothing new.** [낫띵 뉴] 새로울 것 없어요.
Many thanks in advance.	Lucky you!	Nothing new.
미리 감사드려요.	자네 운 좋았어!	새로울 것 없어요.

중간점검 08

기초훈련 36~40일

01

1단계 · 대화 듣기
그림을 보며 네이티브의 음성을 들어보세요.

2단계 · 대화 보기
표현을 보며 네이티브를 따라 읽어보세요.

- A I don't think you can take a picture here.
- B It's not illegal.

- A 여기서 사진 촬영하면 안 될 거 같은데.
- B 불법이 아니야.

3단계 · 의미 확인
영어를 큰 소리로 읽고 우리말로 말해보세요.

- A I don't think you can take a picture here.
- B It's not illegal.

- A 여기서 사진 촬영하면 안 될 거 같은데.
- B

4단계 · 대화하기
우리말을 큰 소리로 읽고 영어로 말해보세요.

- A 여기서 사진 촬영하면 안 될 거 같은데.
- B 불법이 아니야.

- A I don't think you can take a picture here.
- B

02

- A I was right! I knew it!
- B Yeah, yeah. You win.

- A 내가 맞았어! 그럴 줄 알았다니까!
- B 그래 그래. 네가 이겼어.

- A I was right! I knew it!
- B Yeah, yeah. You win.

- A 내가 맞았어! 그럴 줄 알았다니까!
- B

- A 내가 맞았어! 그럴 줄 알았다니까!
- B 그래 그래. 네가 이겼어.

- A I was right! I knew it!
- B

지금까지 배운 표현 자신 있게 말할 수 있나요?
실전 대화에서 확인해 보세요.

03	04	05

03
A I got a new outfit. What do you think?
B **You look good.**

A 나 새 옷 샀어. 어때?
B 좋은데.

04
A **Thanks for the ride.**
B Anytime. See you.

A 태워다줘서 고마워.
B 언제든지. 나중에 보자.

05
A I'll get you those movie tickets tomorrow.
B **Many thanks in advance.**

A 내일 그 영화표 갖다 줄게요.
B 미리 감사드려요.

A I got a new outfit. What do you think?
B **You look good.**

A 나 새 옷 샀어. 어때?
B

A **Thanks for the ride.**
B Anytime. See you.

A
B 언제든지. 나중에 보자.

A I'll get you those movie tickets tomorrow.
B **Many thanks in advance.**

A 내일 그 영화표 갖다 줄게요.
B

A 나 새 옷 샀어. 어때?
B **좋은데.**

A I got a new outfit. What do you think?
B

A **태워다줘서 고마워.**
B 언제든지. 나중에 보자.

A
B Anytime. See you.

A 내일 그 영화표 갖다 줄게요.
B **미리 감사드려요.**

A I'll get you those movie tickets tomorrow.
B

기초훈련 36~40일

08

A I won 5000 won on a lottery ticket!
B **Lucky you!**

A 복권해서 5천원 땄어.
B **운 좋았네!**

A I won 5000 won on a lottery ticket!
B **Lucky you!**

A 복권해서 5천원 땄어.
B

A 복권해서 5천원 땄어.
B **운 좋았네!**

A I won 5000 won on a lottery ticket!
B

09

A I think Tim won't make it to the meeting.
B **Are you sure?**

A 팀은 회의에 못 올 거 같습니다.
B **확실해요?**

A I think Tim won't make it to the meeting.
B **Are you sure?**

A 팀은 회의에 못 올 거 같습니다.
B

A 팀은 회의에 못 올 거 같습니다.
B **확실해요?**

A I think Tim won't make to the meeting.
B

10

A Hello? Anybody home?
B **Who's there?**

A 안녕하세요? 집에 누구 계세요?
B **거기 누구요?**

A Hello? Anybody home?
B **Who's there?**

A 안녕하세요? 집에 누구 계세요?
B

A 안녕하세요? 집에 누구 계세요?
B **거기 누구요?**

A Hello? Anybody home?
B

배트맨 기초훈련

	201	202
 1단계 **일단 듣기** 그림을 보며 네이티브의 음성을 들어보세요.		 
 2단계  **표현 보기** 표현을 보며 네이티브를 따라 읽어보세요.	**When is the meeting?** [웬이즈 더 미링?] **회의는 언제입니까?**	**Are you busy now?** [알(얼)유 비지 나우?] **지금 바쁘세요?**
 3단계  **의미 확인** 영어를 큰 소리로 읽고 우리말로 말해보세요.	When is the meeting?	Are you busy now?
 4단계  **배트맨 영어** 우리말을 큰 소리로 읽고 영어로 말해보세요.	회의는 언제입니까?	지금 바쁘세요?

뱉으면 영어가 되는 훈련, 지금 시작해 볼까요?

🎧 mp3는 ▶ ▶ 빠르게 3가지 속도가 변속으로 반복됩니다.

203	204	205
Would you help me with this report?	**Sorry but I'm busy right now.**	**Can I do it later?**
[우쥬 헬미 윋 디스 뤼포올트?]	[써-뤼 벋 앙-비지 롸잇나우]	[캐-나이 두잇 레이러?]
이 보고서 작성하는 것 좀 도와주시겠어요?	죄송한데 지금은 제가 바쁜데요.	나중에 해도 될까요?
Would you help me with this report?	Sorry but I'm busy right now.	Can I do it later?
이 보고서 작성하는 것 좀 도와주시겠어요?	죄송한데 지금은 제가 바쁜데요.	나중에 해도 될까요?

배트맨 기초훈련

	206	207
1단계 •일단 듣기• 그림을 보며 네이티브의 음성을 들어보세요.		
2단계 •표현 보기• 표현을 보며 네이티브를 따라 읽어보세요.	^{*Bonus} **Would you do me a favor?**[*] [우쥬 두미어 페이벌?] 좀 도와주시겠어요?	**If you're not busy, would you help me with this report?** [이-퓨얼 낫 비지, 우쥬 헬미 윋디스 뤼포올트?] 안 바쁘시면 이 보고서 작성하는 것 좀 도와주시겠어요?
3단계 •의미 확인• 영어를 큰 소리로 읽고 우리말로 말해보세요.	Would you do me a favor?	If you're not busy, would you help me with this report?
4단계 •배트맨 영어• 우리말을 큰 소리로 읽고 영어로 말해보세요.	좀 도와주시겠어요?	안 바쁘시면 이 보고서 작성하는 것 좀 도와주시겠어요?

•Bonus 표현 설명은 p.360에서 확인하세요.

뺄으면 영어가 되는 훈련, 지금 시작해 볼까요?
mp3는 느리게 ▶ 보통 ▶ 빠르게 3가지 속도가 변속으로 반복됩니다.

208	209	210
Is it urgent?	**How soon do you want me to finish it?**	**As soon as possible.**
[이짓 얼전트?]	[하우쑤운 두유 원미트 피니쉬잇?]	[애즈 쑤-내즈 파서블]
급하신가요?	언제까지 그것을 끝내드려야 하나요?	가능한 한 빨리요.
Is it urgent?	How soon do you want me to finish it?	As soon as possible.
급하신가요?	언제까지 그것을 끝내드려야 하나요?	가능한 한 빨리요.

배트맨 기초훈련

	211	212
1단계 • 일단 듣기 • 그림을 보며 네이티브의 음성을 들어보세요.		
2단계 • 표현 보기 • 표현을 보며 네이티브를 따라 읽어보세요.	It's a pleasure to have you here. [잇쩌 플레절 트 해-뷰 히얼] 여기로 모시게 되어 기쁩니다.	The pleasure is ours. [더 플레절-이즈 아-월즈] 오히려 저희가 기쁜 걸요.
3단계 • 의미 확인 • 영어를 큰 소리로 읽고 우리말로 말해보세요.	It's a pleasure to have you here.	The pleasure is ours.
4단계 • 배트맨 영어 • 우리말을 큰 소리로 읽고 영어로 말해보세요.	여기로 모시게 되어 기쁩니다.	오히려 저희가 기쁜 걸요.

뱉으면 영어가 되는 훈련, 지금 시작해 볼까요?

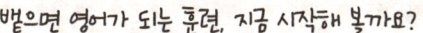 Training 043.mp3

🎧 mp3는 ▶ ▶ 빠르게 3가지 속도가 변속으로 반복됩니다.

훈련영상 보기

213

Let's get back to work.

[렛츠 겟빽액 트 월-크]

그만 일하러 들어갑시다.

214

Let me check my schedule first.

[렌미 췍 마이 스께줄 퍼얼스트]

먼저 일정을 확인해 볼게요.

215

I'm sorry I kept you waiting.

[암 쏘리 아 켑츄 웨이링]

기다리게 해서 죄송합니다.

Let's get back to work.

Let me check my schedule first.

I'm sorry I kept you waiting.

그만 일하러 들어갑시다.

먼저 일정을 확인해 볼게요.

기다리게 해서 죄송합니다.

배트맨 기초훈련 44일

	216	217
1단계 ·일단 듣기· 그림을 보며 네이티브의 음성을 들어보세요.		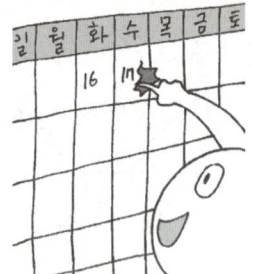
2단계 ·표현 보기· 표현을 보며 네이티브를 따라 읽어보세요.	**When is the next meeting?** [웬-니즈 더 넥스트 미링?] **다음 회의가 언제죠?**	**It's on Wednesday.** [잇쯔언 웬즈데이] **수요일입니다.**
3단계 ·의미 확인· 영어를 큰 소리로 읽고 우리말로 말해보세요.	When is the next meeting?	It's on Wednesday.
4단계 ·배트맨 영어· 우리말을 큰 소리로 읽고 영어로 말해보세요.	다음 회의가 언제죠?	수요일입니다.

뱉으면 영어가 되는 훈련, 지금 시작해 볼까요?

mp3는 ▶ ▶ 3가지 속도가 변속으로 반복됩니다.

218	219	220
You're attending, aren't you?	I'm afraid I can't make it.	Could you put your signature here?
[유알 어텐딩, 안-츄?]	[암 어프로이드 아이캔-ㅌ 메이킷]	[쿠쥬 푸-츄얼 시그니쳘 히-얼?]
참석하시는 거 맞죠?	어떡하죠, 전 참석을 못해요.	여기에 서명해 주시겠습니까?
You're attending, aren't you?	I'm afraid I can't make it.	Could you put your signature here?
참석하시는 거 맞죠?	어떡하죠, 전 참석을 못해요.	여기에 서명해 주시겠습니까?

배트면 기초훈련

	221	222
1단계 **일단 듣기** 그림을 보며 네이티브의 음성을 들어보세요.		
		*Bonus
2단계 **표현 보기** 표현을 보며 네이티브를 따라 읽어보세요.	**Are you free now?** [알 유 프리 나우?] 지금(은) 시간 괜찮아요?	**How about we discuss it now?**＊ [하우 어바웃 E 위 디스커스잇 나우?] 지금 의논하는 게 어떨까요?
3단계 **의미 확인** 영어를 큰 소리로 읽고 우리말로 말해보세요.	Are you free now?	How about we discuss it now?
4단계 **배트면 영어** 우리말을 큰 소리로 읽고 영어로 말해보세요.	지금(은) 시간 괜찮아요?	지금 의논하는 게 어떨까요?

＊Bonus 표현 설명은 p.360에서 확인하세요.

뱉으면 영어가 되는 훈련, 지금 시작해 볼까요?

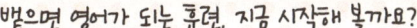

mp3는 ▶ ▶ 빠르게 3가지 속도가 변속으로 반복됩니다.

훈련영상 보기

223	224	225

We're here today to discuss a few key issues.	**As I think, the budget is too low.**	**I think that's a great idea.**
[위알히얼 트데이 트 디스커스 어퓨 키이-이슈즈]	[애-자이 띵크, 더 버지- 리즈 투로]	[아이띵크 댓츠어그레이트 아이디어]
몇 가지 핵심 쟁점을 논의하려고 오늘 모였습니다.	제가 보기엔 예산이 너무 낮습니다.	그건 아주 좋은 아이디어 같아요.
We're here today to discuss a few key issues.	As I think, the budget is too low.	I think that's a great idea.
몇 가지 핵심 쟁점을 논의하려고 오늘 모였습니다.	제가 보기엔 예산이 너무 낮습니다.	그건 아주 좋은 아이디어 같아요.

지금까지 배운 표현 자신 있게 말할 수 있나요?
실전 대화에서 확인해 보세요.

03

A Sam, I need you to take out the trash, please.
B **Can I do it later?**

A 샘, 쓰레기 좀 밖에 갖다 놔줘.
B **좀 이따가 해도 돼?**

A Sam, I need you to take out the trash, please.
B **Can I do it later?**

A 샘, 쓰레기 좀 밖에 갖다 놔줘.
B

A 샘, 쓰레기 좀 밖에 갖다 놔줘.
B 좀 이따가 해도 돼?

A Sam, I need you to take out the trash, please.
B

04

A I can't thank you enough for inviting me.
B **It's a pleasure to have you here.**

A 초대해 주셔서 정말 감사드려요.
B **모시게 되어 기쁩니다.**

A I can't thank you enough for inviting me.
B **It's a pleasure to have you here.**

A 초대해 주셔서 정말 감사드려요.
B

A 초대해 주셔서 정말 감사드려요.
B 모시게 되어 기쁩니다.

A I can't thank you enough for inviting me.
B

05

A **Would you help me with this report?**
B I'll try. I'm not sure I'm qualified.

A **이 보고서 작성하는 것 좀 도와줄래요?**
B 해볼게요. 근데 내가 할 수 있을지 잘 모르겠어요.

A **Would you help me with this report?**
B I'll try. I'm not sure I'm qualified.

A
B 해볼게요. 근데 내가 할 수 있을지 잘 모르겠어요.

A 이 보고서 작성하는 것 좀 도와줄래요?
B 해볼게요. 근데 내가 할 수 있을지 잘 모르겠어요.

A
B I'll try. I'm not sure I'm qualified.

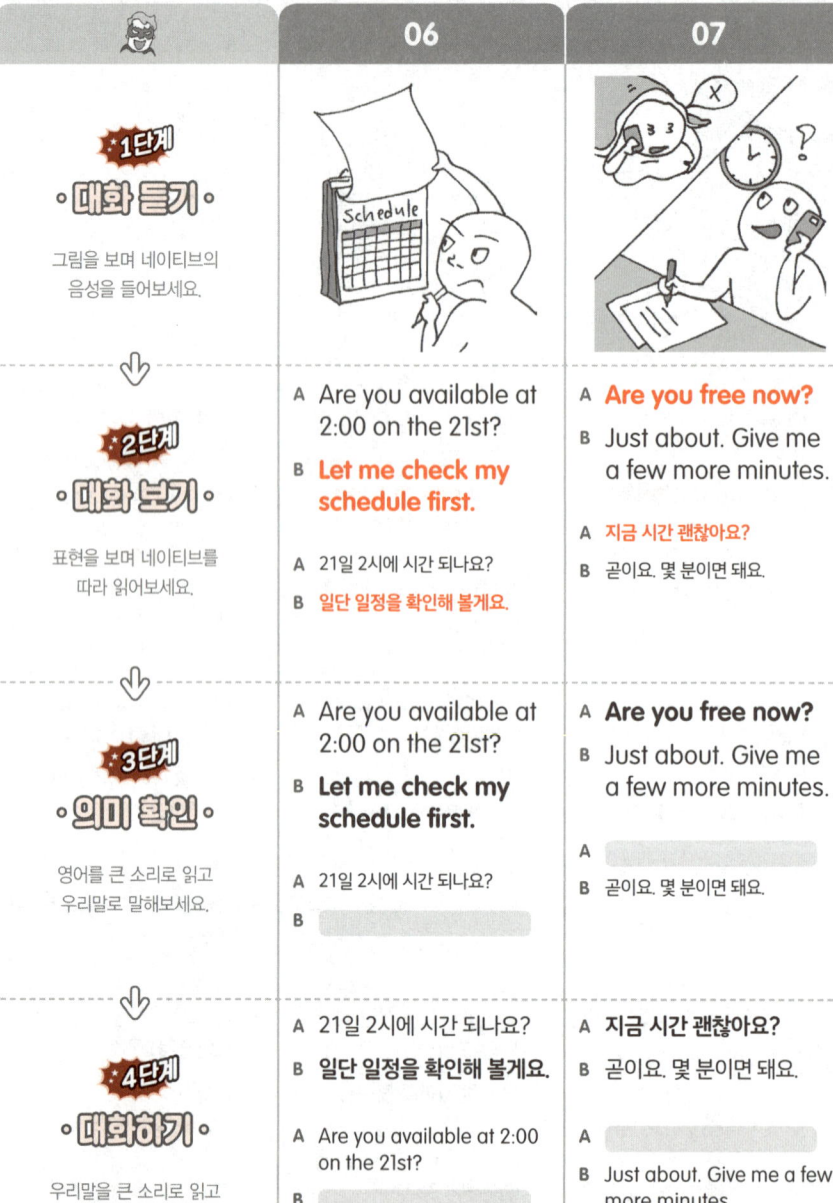

기초훈련 41~45일

08

A Did you confirm the conference call?
B Yes. **It's on Wednesday.**

A 화상 회의 확인했어요?
B 네. **수요일입니다.**

A Did you confirm the conference call?
B **Yes. It's on Wednesday.**

A 화상 회의 확인했어요?
B

A 화상 회의 확인했어요?
B **네. 수요일입니다.**

A Did you confirm the conference call?
B

09

A **When is the meeting?**
B Didn't you get the memo?

A **회의는 언제입니까?**
B 메모 안 받았어요?

A **When is the meeting?**
B Didn't you get the memo?

A
B 메모 안 받았어요?

A 회의는 언제입니까?
B 메모 안 받았어요?

A
B Didn't you get the memo?

10

A I need your help.
B **Is it urgent?** I'm in the middle of something.

A 네 도움이 필요해.
B **급한 거야?** 나 뭐 좀 하고 있는 중인데.

A I need your help.
B **Is it urgent?** I'm in the middle of something.

A 네 도움이 필요해.
B
나 뭐 좀 하고 있는 중인데.

A 네 도움이 필요해.
B **급한 거야?** 나 뭐 좀 하고 있는 중인데.

A I need your help.
B
I'm in the middle of something.

배트맨 기초훈련 46일

	226	227
1단계 • 일단 듣기 • 그림을 보며 네이티브의 음성을 들어보세요.		
2단계 • 표현 보기 • 표현을 보며 네이티브를 따라 읽어보세요.	**I don't agree.** [아돈-언 어그루이미] **동의하지 않습니다.**	**Our next meeting is at the head office.** [아-월 넥스트 미링이즈 앳 더 헷어-피스] **다음 회의는 본사에서 있습니다.**
3단계 • 의미 확인 • 영어를 큰 소리로 읽고 우리말로 말해보세요.	I don't agree.	Our next meeting is at the head office.
4단계 • 배트맨 영어 • 우리말을 큰 소리로 읽고 영어로 말해보세요.	동의하지 않습니다.	다음 회의는 본사에서 있습니다.

뱉으면 영어가 되는 훈련, 지금 시작해 볼까요?

 mp3는 느리게 ▶ 보통 ▶ 빠르게 3가지 속도가 변속으로 반복됩니다.

 Training 046.mp3

훈련영상 보기

228	229	230
I'm going to talk about the sales figures.	**Chances are slim.**	**I'll keep it short.***
[암고잉 터-커바우트 더 쎄일즈 피규얼즈]	[채앤씨스알- 슬림]	[아울 키-핏 쇼올트]
매출액에 대해 말씀 드리겠습니다.	가능성은 희박해.	짧게 하겠습니다.
I'm going to talk about the sales figures.	Chances are slim.	I'll keep it short.
매출액에 대해 말씀 드리겠습니다.	가능성은 희박해.	짧게 하겠습니다.

*Bonus

●Bonus 표현 설명은 p.361에서 확인하세요.

147

배트맨 기초훈련

	231	232
 **1단계** • 일단 듣기 • 그림을 보며 네이티브의 음성을 들어보세요.		

2단계 • 표현 보기 • 표현을 보며 네이티브를 따라 읽어보세요.	**Sales have increased.** [쎄일즈 해애-브 인크뤼즈ㄷ] 매출이 늘고 있습니다.	**Business is business.*** [비즈니스이즈 비즈니스] 공과 사는 구별해야지.
3단계 • 의미 확인 • 영어를 큰 소리로 읽고 우리말로 말해보세요.	Sales have increased.	Business is business.
4단계 • 배트맨 영어 • 우리말을 큰 소리로 읽고 영어로 말해보세요.	매출이 늘고 있습니다.	공과 사는 구별해야지.

*Bonus 표현 설명은 p.361에서 확인하세요.

뱉으면 영어가 되는 훈련, 지금 시작해 볼까요?

🎧 mp3는 느리게 ▶ 보통 ▶ 빠르게 3가지 속도가 변속으로 반복됩니다.

🎧 Training 047.mp3

훈련영상 보기

233	234	235
I'm sorry, but I'm busy at the moment.	How may I help you?*	That's a great question.
[암- 쏘리, 벋 암비지 앳더모-먼트]	[하우매아이 헬ㅍ-퓨우?]	[댓-쩌 그뤠이ㅌ 퀘스쳔]
죄송합니다. 제가 지금 몹시 바쁜데요.	어떻게 오셨죠?	정말 좋은 질문이에요.
I'm sorry, but I'm busy at the moment.	How may I help you?	That's a great question.
죄송합니다. 제가 지금 몹시 바쁜데요.	어떻게 오셨죠?	정말 좋은 질문이에요.

*Bonus

●Bonus 표현 설명은 p.361에서 확인하세요.

배트맨 기초훈련

	236	237
1단계 **일단 듣기** 그림을 보며 네이티브의 음성을 들어보세요.		
2단계 **표현 보기** 표현을 보며 네이티브를 따라 읽어보세요.	**Thanks so much for everything.** [땡쓰 쏘우-머취 포열-에브리띵] 모든 것에 감사합니다.	**We had a great time.** [위 해-더 그뤠잇타임] 즐거운 시간이었어요.
3단계 **의미 확인** 영어를 큰 소리로 읽고 우리말로 말해보세요.	Thanks so much for everything.	We had a great time.
4단계 **배트맨 영어** 우리말을 큰 소리로 읽고 영어로 말해보세요.	모든 것에 감사합니다.	즐거운 시간이었어요.

뱉으면 영어가 되는 훈련, 지금 시작해 볼까요?

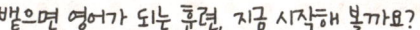 Training 048.mp3

🎧 mp3는 느리게 ▶ 보통 ▶ 빠르게 3가지 속도가 변속으로 반복됩니다.

238	239	240
I'll give you a ride.	**Would you like some coffee?**	**I'll be right back with it.**
[아윌 기뷰-어 라이드]	[우쥬 라익썸 커-피?]	[아윌-비 라잇백 위잇 ㅌ]
제가 차로 모시겠습니다.	커피 좀 드릴까요?	금방 가지고 오겠습니다.
I'll give you a ride.	Would you like some coffee?	I'll be right back with it.
제가 차로 모시겠습니다.	커피 좀 드릴까요?	금방 가지고 오겠습니다.

배트맨 기초훈련 49일

	241	242
1단계 · 일단 듣기 · 그림을 보며 네이티브의 음성을 들어보세요.		
2단계 · 표현 보기 · 표현을 보며 네이티브를 따라 읽어보세요.	*Bonus **Are you all set to go?*** [알유 어-얼 셋트 고?] 시작할 준비 다 됐나요?	**The meeting should finish by noon.** [더 미딩 슏 피니쉬 바이누운-] 정오까지 회의를 마칠 예정입니다.
3단계 · 의미 확인 · 영어를 큰 소리로 읽고 우리말로 말해보세요.	Are you all set to go?	The meeting should finish by noon.
4단계 · 배트맨 영어 · 우리말을 큰 소리로 읽고 영어로 말해보세요.	시작할 준비 다 됐나요?	정오까지 회의를 마칠 예정입니다.

*Bonus 표현 설명은 p.361에서 확인하세요.

뱉으면 영어가 되는 훈련, 지금 시작해 볼까요?

Training 049.mp3

mp3는 느리게 ▶ 보통 ▶ 빠르게 3가지 속도가 변속으로 반복됩니다.

훈련영상 보기

243	244	245
Let's take a short break.	**Could you clarify that?**	**We have to restructure.**
[렛츠 테익커퍼-트 브레이크]	[크쥬 클래러파이대-앹?]	[위 해앺트 뤼스트뤽쳐]
잠깐 휴식하겠습니다.	더 명확히 해 주시겠어요?	구조조정을 해야만 합니다.
Let's take a short break.	Could you clarify that?	We have to restructure.
잠깐 휴식하겠습니다.	더 명확히 해 주시겠어요?	구조조정을 해야만 합니다.

배트면 기초훈련

	246	247
1단계 · 일단 듣기 · 그림을 보며 네이티브의 음성을 들어보세요.		
 **2단계** · 표현 보기 · 표현을 보며 네이티브를 따라 읽어보세요.	We're behind schedule. [위알 브하-인드 스께-줄] 일정에 차질이 생겼어요.	Could you go to the bank for me? [크쥬 고오트더뱅크 폴 미?] 은행에 좀 다녀와 줄 수 있겠어요?
3단계 · 의미 확인 · 영어를 큰 소리로 읽고 우리말로 말해보세요.	We're behind schedule.	Could you go to the bank for me?
4단계 · 배트면 영어 · 우리말을 큰 소리로 읽고 영어로 말해보세요.	일정에 차질이 생겼어요.	은행에 좀 다녀와 줄 수 있겠어요?

붙으면 영어가 되는 훈련, 지금 시작해 볼까요?

🎧 Training 050.mp3

🎧 mp3는 [느리게] ▶ [보통] ▶ [빠르게] 3가지 속도가 변속으로 반복됩니다.

훈련영상 보기

248	249	250
This is my treat.	**He's on a business trip right now.**	**Could you tell me why?**
[디씨즈 마이트륏트]	[히즈언어 비즈니스트륍 롸잇 나우]	[크쥬우 텔미 와이?]
이것은 제가 내겠습니다.	그 분은 현재 출장 중입니다.	왜 그런지 말해 주시겠어요?
This is my treat.	He's on a business trip right now.	Could you tell me why?
이것은 제가 내겠습니다.	그 분은 현재 출장 중입니다.	왜 그런지 말해 주시겠어요?

지금까지 배운 표현 자신 있게 말할 수 있나요?
실전 대화에서 확인해 보세요.

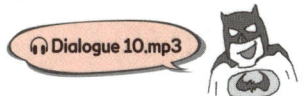 Dialogue 10.mp3

03

A Have you seen Jim today?
B **He's on a business trip right now.**

A 오늘 짐 봤나요?
B 지금 출장 중이에요.

A Have you seen Jim today?
B He's on a business trip right now.

A 오늘 짐 봤나요?
B

A 오늘 짐 봤나요?
B 지금 출장 중이에요.

A Have you seen Jim today?
B

04

A **Would you like some coffee?**
B No thanks, it's a bit late.

A 커피 좀 드실래요?
B 괜찮아요. 좀 늦은 시간이라.

A Would you like some coffee?
B No thanks, it's a bit late.

A
B 괜찮아요. 좀 늦은 시간이라.

A 커피 좀 드실래요?
B 괜찮아요. 좀 늦은 시간이라.

A
B No thanks, it's a bit late.

05

A You asked for me?
B Yes. **Could you go to the bank for me?**

A 부르셨어요?
B 네. 은행에 좀 다녀와 줄 수 있겠어요?

A You asked for me?
B Yes. Could you go to the bank for me?

A 부르셨어요?
B

A 부르셨어요?
B 네. 은행에 좀 다녀와 줄 수 있겠어요?

A You asked for me?
B

뒷페이지에 계속

157

중간점검 10

	06	07
1단계 • 대화 듣기 • 그림을 보며 네이티브의 음성을 들어보세요.		
2단계 • 대화 보기 • 표현을 보며 네이티브를 따라 읽어보세요.	A Let me get this. B No. Really. **This is my treat.** A 이건 제가 낼게요. B 아니 정말로요, **이건 제가 대접하겠습니다.**	A Are you going downtown? B Yes. Hop in. **I'll give you a ride.** A 시내 가세요? B 네. 타세요. **제가 차로 모시겠습니다.**
3단계 • 의미 확인 • 영어를 큰 소리로 읽고 우리말로 말해보세요.	A Let me get this. B No. Really. **This is my treat.** A 이건 제가 낼게요. B 아니 정말로요,	A Are you going downtown? B Yes. Hop in. **I'll give you a ride.** A 시내 가세요? B 네. 타세요.
4단계 • 대화하기 • 우리말을 큰 소리로 읽고 영어로 말해보세요.	A 이건 제가 낼게요. B 아니 정말로요, **이건 제가 대접하겠습니다.** A Let me get this. B No. Really.	A 시내 가세요? B 네. 타세요. **제가 차로 모시겠습니다.** A Are you going downtown? B Yes. Hop in.

기초훈련 46~50일

08	09	10

08
- A **Are you all set to go?**
- B Almost. Just putting on my lipstick.

- A 출발 준비 다 됐어?
- B 거의. 립스틱만 바르고.

- A **Are you all set to go?**
- B Almost. Just putting on my lipstick.

- A ▓▓▓▓▓
- B 거의. 립스틱만 바르고.

- A 출발 준비 다 됐어?
- B 거의. 립스틱만 바르고.
- A ▓▓▓▓▓
- B Almost. Just putting on my lipstick.

09
- A What's your topic for the presentation?
- B **I'm going to talk about the sales figures.**

- A 주제가 뭔가?
- B 매출액에 대해 말씀 드리겠습니다.

- A What's your topic for the presentation?
- B **I'm going to talk about the sales figures.**

- A 주제가 뭔가?
- B ▓▓▓▓▓

- A 주제가 뭔가?
- B 매출액에 대해 말씀 드리겠습니다.
- A What's your topic for the presentation?
- B ▓▓▓▓▓

10
- A I hope you enjoyed yourselves this evening.
- B Thanks. **We had a great time.**

- A 즐거운 저녁이 되었길 바랍니다.
- B 고마워요. 즐거운 시간이었어요.

- A I hope you enjoyed yourselves this evening.
- B **Thanks. We had a great time.**

- A 즐거운 저녁이 되었길 바랍니다.
- B ▓▓▓▓▓

- A 즐거운 저녁이 되었길 바랍니다.
- B 고마워요. 즐거운 시간이었어요.
- A I hope you enjoyed yourselves this evening.
- B ▓▓▓▓▓

배트면 기초훈련 51일

	251	252
 1단계 ·일단 듣기· 그림을 보며 네이티브의 음성을 들어보세요.		
2단계 ·표현 보기· 표현을 보며 네이티브를 따라 읽어보세요.	As I see it, that is a mistake. [애-자이씨잇, 댓-이즈어 미스테이크] 제가 보기엔 그건 실수입니다.	I have to work overtime this evening. [아햅투월크 오벌타임 디스 이브닝] 오늘 저는 야근해야 해요.
3단계 ·의미 확인· 영어를 큰 소리로 읽고 우리말로 말해보세요.	As I see it, that is a mistake.	I have to work overtime this evening.
4단계 ·배트면 영어· 우리말을 큰 소리로 읽고 영어로 말해보세요.	제가 보기엔 그건 실수입니다.	오늘 저는 야근해야 해요.

뱉으면 영어가 되는 훈련, 지금 시작해 볼까요?

🎧 Training 051.mp3

훈련영상 보기

🎧 mp3는 느리게 ▶ 보통 ▶ 빠르게 3가지 속도가 변속으로 반복됩니다.

253

Which part don't you agree with?

[윗치파알트 돈츄 어그뤼윋-?]

어느 부분에 동의하지 않나요?

254

We did everything by the book. *

[위딛 에브리띵 바이더북]

우린 다 교과서대로 했습니다.

255

We double-checked everything.

[위 더블첵트 에브리띵]

저희는 다 재확인했습니다.

Which part don't you agree with?

We did everything by the book.

We double-checked everything.

어느 **부분**에 동의하지 않나요?

우린 다 교과시대로 했습니다.

저희는 나 새확인했습니다.

●Bonus 표현 설명은 p.361에서 확인하세요.

배트맨 기초훈련

	256	257
 1단계 • 일단 듣기 • 그림을 보며 네이티브의 음성을 들어보세요.		
 2단계 • 표현 보기 • 표현을 보며 네이티브를 따라 읽어보세요.	**This is on me.** [디씨즈 어-언미] 이것은 제가 내겠습니다.	*Bonus* **Take your time.*** [테이큐열타-임] 서두르지 마.
 3단계 • 의미 확인 • 영어를 큰 소리로 읽고 우리말로 말해보세요.	This is on me.	Take your time.
 4단계 • 배트면 영어 • 우리말을 큰 소리로 읽고 영어로 말해보세요.	이것은 제가 내겠습니다.	서두르지 마.

●Bonus 표현 설명은 p.361에서 확인하세요.

뱉으면 영어가 되는 훈련, 지금 시작해 볼까요?

🎧 mp3는 느리게 ▶ 보통 ▶ 빠르게 3가지 속도가 변속으로 반복됩니다.

 Training 052.mp3

훈련영상 보기

258	259	260

Refer to the report for the last year.
[뤼펄트어 뤼포-올트 포어리슽-티얼]
작년 보고서를 참조하세요.

That's a piece of cake.
[댓츠어 피썹-케잌]
식은 죽 먹기지.

Now, let's move onto the next item.
[나우, 렛츠무-번트어 넥스트 아이럼]
자, 다음 안건으로 넘어갑시다.

Refer to the report for the last year.

That's a piece of cake.

Now, let's move onto the next item.

작년 보고서를 참조하세요.

식은 죽 먹기지.

자, 다음 안건으로 넘어갑시다.

163

배트면 기초훈련

	261	262
**1단계** **일단 듣기** 그림을 보며 네이티브의 음성을 들어보세요.		
2단계 **표현 보기** 표현을 보며 네이티브를 따라 읽어보세요.	**Now, let's move onto another item.** [나우, 렛츠무-번트 어나덜 아이텀] 자, 다른 안건으로 넘어갑시다.	**I have a quick question.** [아 해버퀵 퀘스쳔] 간단한 질문이 하나 있습니다.
 **3단계** **의미 확인** 영어를 큰 소리로 읽고 우리말로 말해보세요.	Now, let's move onto another item.	I have a quick question.
 4단계 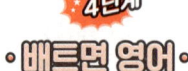 우리말을 큰 소리로 읽고 영어로 말해보세요.	자, 다른 안건으로 넘어갑시다.	간단한 질문이 하나 있습니다.

베뜨으면 영어가 되는 훈련, 지금 시작해 볼까요?

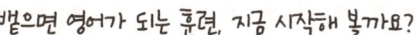 mp3는 느리게 ▶ 보통 ▶ 빠르게 3가지 속도가 변속으로 반복됩니다.

 Training 053.mp3

훈련영상 보기

263	264	265

*Bonus

What is it?*

[와-리즈잇ㅌ?]

뭡니까?

Our next meeting is on November 3rd.

[아월-넥스ㅌ 미링이즈 언-노벰버-써얻드]

다음 회의는 11월 3일입니다.

Let's turn to the second design.

[렛츠터-언터 쎄컨 드자-인]

두 번째 디자인으로 넘어가겠습니다.

What is it?

Our next meeting is on November 3rd.

Let's turn to the second design.

뭡니까?

다음 회의는 11월 3일입니다.

두 번째 디자인으로 넘어가겠습니다.

---

*Bonus 표현 설명은 p.362에서 확인하세요.

배트먼 기초훈련

	266	267
1단계 **· 일단 듣기 ·** 그림을 보며 네이티브의 음성을 들어보세요.		
2단계 **· 표현 보기 ·** 표현을 보며 네이티브를 따라 읽어보세요.	Please go over the first draft on the report. [플리즈 고우 오-벌어 퍼-얼스트 드리프트 언 더 리폴-트] 보고서 초안을 한번 봐주세요.	I brown-bagged* my lunch today. [아 브라운백-드 마이런취 트데이] 저는 오늘 점심 싸왔어요.
3단계 **· 의미 확인 ·** 영어를 큰 소리로 읽고 우리말로 말해보세요.	Please go over the first draft on the report.	I brown-bagged my lunch today.
4단계 **· 배트먼 영어 ·** 우리말을 큰 소리로 읽고 영어로 말해보세요.	보고서 초안을 한번 봐주세요.	저는 오늘 점심 싸왔어요.

*Bonus 표현 설명은 p.362에서 확인하세요.

뱉으면 영어가 되는 훈련, 지금 시작해 볼까요?

Training 054.mp3

훈련영상 보기

mp3는 느리게 ▶ 보통 ▶ 빠르게 3가지 속도가 변속으로 반복됩니다.

268	269	270
We want your honest feedback.	**What about Android's market share?**	**That is less of a priority.**
[위 원유얼 어-니스트 핃-백]	[와러바웃 앤드로이즈 마알켓 쉐얼?]	[대리즈 레써-브 프라이어러티]
당사는 여러분들의 솔직한 피드백을 원합니다.	안드로이드의 시장 점유율은 어떻게 되나요?	그건 우선 사항이 아닙니다.
We want your honest feedback.	What about Android's market share?	That is less of a priority.
당사는 여러분들의 솔직한 피느백을 원합니다.	안드로이드의 시장 점유율은 어떻게 되나요?	그건 우선 사항이 아닙니다.

배트맨 기초훈련

	271	272
1단계 **• 일단 듣기 •** 그림을 보며 네이티브의 음성을 들어보세요.		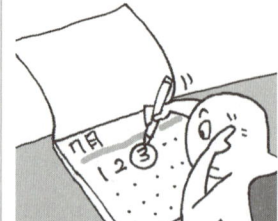
2단계 **• 표현 보기 •** 표현을 보며 네이티브를 따라 읽어보세요.	**That would depend on the season.** [댓우드 디펜-던더 씨즌] 그건 계절에 따라 달라질 거예요.	**We could consider moving the date.** [위크드 컨씨덜 무빙더데이트] 날짜 변경을 고려해 볼 수 있을 거예요.
3단계 **• 의미 확인 •** 영어를 큰 소리로 읽고 우리말로 말해보세요.	That would depend on the season.	We could consider moving the date.
4단계 **• 배트맨 영어 •** 우리말을 큰 소리로 읽고 영어로 말해보세요.	그건 계절에 따라 달라질 거예요.	날짜 변경을 고려해 볼 수 있을 거예요.

뱉으면 영어가 되는 훈련, 지금 시작해 볼까요?

🎧 mp3는 [느리게] ▶ [보통] ▶ [빠르게] 3가지 속도가 변속으로 반복됩니다.

🎧 Training 055.mp3

훈련영상 보기

273	274	275
That's a little risky.	**I'm afraid that's a little high.**	**Please seat yourself and wait a little moment.**
[댓츠어 리틀 뤼스키]	[암 어프레이드 댓츠 어 리틀 하이]	[플리즈 씻 유열셀프 앤 웨이러 리틀 모-먼트]
그건 좀 위험해요.	유감스럽게도 그건 좀 높습니다.	앉아서 잠깐 기다려 주세요.
That's a little risky.	I'm afraid that's a little high.	Please seat yourself and wait a little moment.
그건 좀 위험해요.	유감스럽게도 그건 좀 높습니다.	앉아서 잠깐 기다려 주세요.

중간점검 11 기초훈련 51~55일

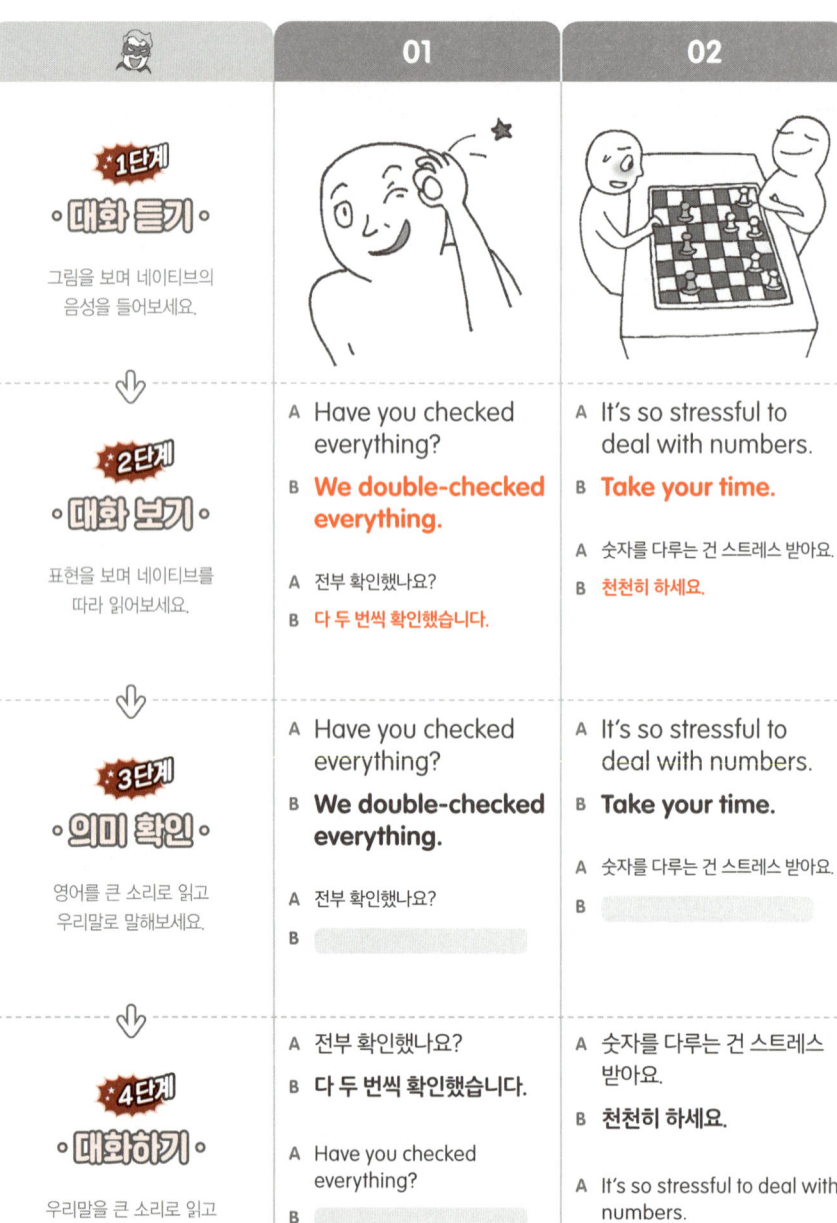

	01	02
1단계 · 대화 듣기 · 그림을 보며 네이티브의 음성을 들어보세요.		
2단계 · 대화 보기 · 표현을 보며 네이티브를 따라 읽어보세요.	A Have you checked everything? B **We double-checked everything.** A 전부 확인했나요? B **다 두 번씩 확인했습니다.**	A It's so stressful to deal with numbers. B **Take your time.** A 숫자를 다루는 건 스트레스 받아요. B **천천히 하세요.**
3단계 · 의미 확인 · 영어를 큰 소리로 읽고 우리말로 말해보세요.	A Have you checked everything? B **We double-checked everything.** A 전부 확인했나요? B	A It's so stressful to deal with numbers. B **Take your time.** A 숫자를 다루는 건 스트레스 받아요. B
4단계 · 대화하기 · 우리말을 큰 소리로 읽고 영어로 말해보세요.	A 전부 확인했나요? B **다 두 번씩 확인했습니다.** A Have you checked everything? B	A 숫자를 다루는 건 스트레스 받아요. B **천천히 하세요.** A It's so stressful to deal with numbers. B

지금까지 배운 표현 자신 있게 말할 수 있나요?
실전 대화에서 확인해 보세요.

 Dialogue 11.mp3

03

A That's our final offer.
B **I'm afraid that's a little high.**

A 그게 우리의 최종 제안입니다.
B **유감스럽지만 그건 좀 높습니다.**

A That's our final offer.
B **I'm afraid that's a little high.**

A 그게 우리의 최종 제안입니다.
B

A 그게 우리의 최종 제안입니다.
B 유감스럽지만 그건 좀 높습니다.

A That's our final offer.
B

04

A Is there anything I can do?
B **Please go over the first draft on the report.**

A 제가 도와드릴 게 있을까요?
B **보고서 초안을 한번 봐주세요.**

A Is there anything I can do?
B **Please go over the first draft on the report.**

A 제가 도와드릴 게 있을까요?
B

A 제가 도와드릴 게 있을까요?
B 보고서 초안을 한번 봐주세요.

A Is there anything I can do?
B

05

A Does everybody understand the issue?
B **I have a quick question.**

A 모두 그 사안에 대해 이해한 거죠?
B **간단한 질문이 하나 있습니다.**

A Does everybody understand the issue?
B **I have a quick question.**

A 모두 그 사안에 대해 이해한 거죠?
B

A 모두 그 사안에 대해 이해한 거죠?
B 간단한 질문이 하나 있습니다.

A Does everybody understand the issue?
B

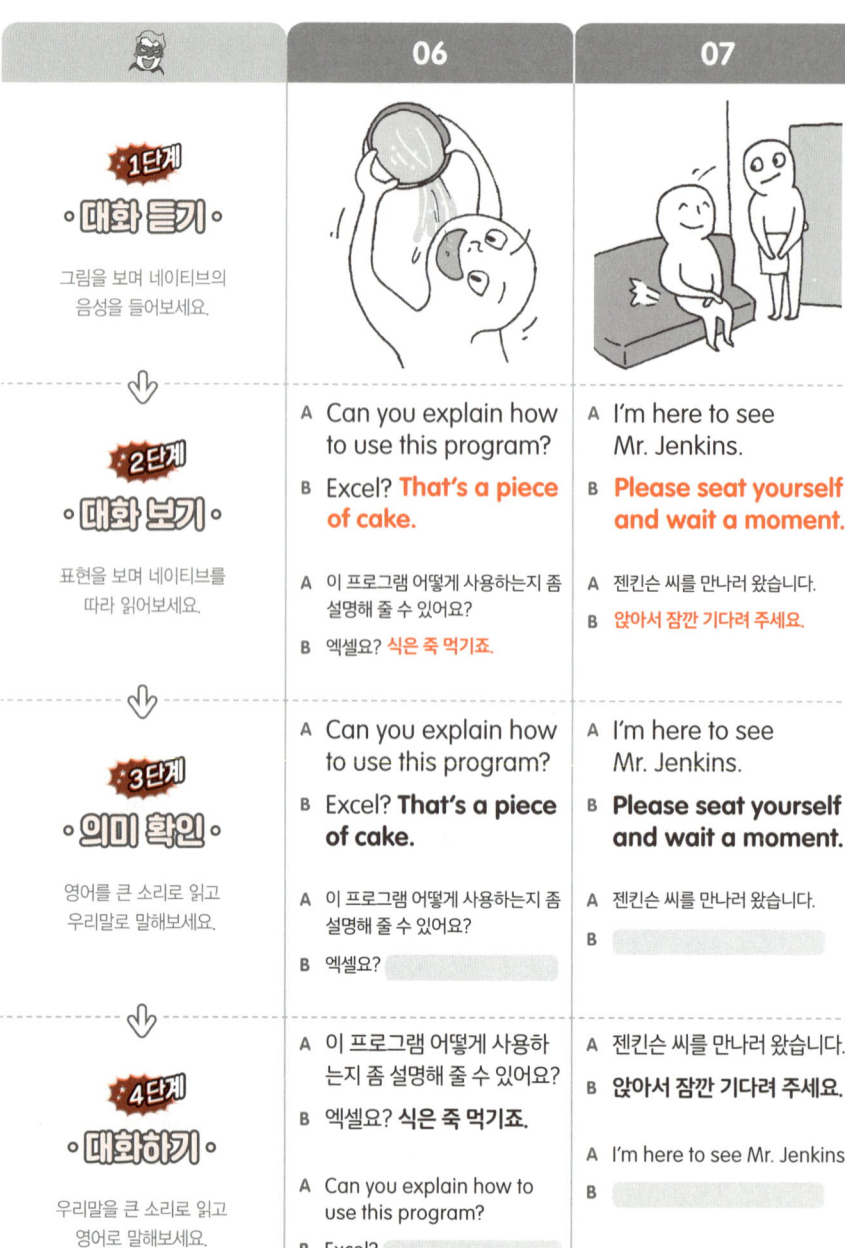

기초훈련 51~55일

08

A Should we send a bill right now?
B Not now. **That is less of a priority.**

A 지금 청구서를 보내야 하나요?
B 지금 말고요. **그건 우선 사항이 아니에요.**

09

A Could I interrupt a moment?
B Quickly, please. **What is it?**

A 잠깐만 방해해도 괜찮을까요?
B 빨리 해주세요. **뭐죠?**

10

A Will you be home in time for dinner today?
B **I have to work overtime this evening.**

A 오늘 저녁시간 맞춰서 집에 올 거야?
B **오늘 나 야근해야 해.**

A Should we send a bill right now?
B Not now. **That is less of a priority.**

A 지금 청구서를 보내야 하나요?
B 지금 말고요.

A Could I interrupt a moment?
B Quickly, please. **What is it?**

A 잠깐만 방해해도 괜찮을까요?
B 빨리 해주세요.

A Will you be home in time for dinner today?
B **I have to work overtime this evening.**

A 오늘 저녁시간 맞춰서 집에 올 거야?
B

A 지금 청구서를 보내야 하나요?
B 지금 말고요. **그건 우선 사항이 아니에요.**

A Should we send a bill right now?
B Not now.

A 잠깐만 방해해도 괜찮을까요?
B 빨리 해주세요. **뭐죠?**

A Could I interrupt a moment?
B Quickly, please.

A 오늘 저녁시간 맞춰서 집에 올 거야?
B **오늘 나 야근해야 해.**

A Will you be home in time for dinner today?
B

배트맨 기초훈련 56일

	276	277
1단계 **일단 듣기** 그림을 보며 네이티브의 음성을 들어보세요.		
2단계 **표현 보기** 표현을 보며 네이티브를 따라 읽어보세요.	**I agree with his plan.** [아이 어그뤼 윋 히즈 플랜] **그의 계획에 동의합니다.**	**I'm not sure I agree with them.** [암 낫 슈얼 아이 어그뤼 윋뎀] **그들 의견에 동의하기 어려워요.**
3단계 **의미 확인** 영어를 큰 소리로 읽고 우리말로 말해보세요.	I agree with his plan.	I'm not sure I agree with them.
4단계 **배트맨 영어** 우리말을 큰 소리로 읽고 영어로 말해보세요.	그의 계획에 동의합니다.	그들 의견에 동의하기 어려워요.

뱉으면 영어가 되는 훈련, 지금 시작해 볼까요?

🎧 mp3는 느리게 ▶ 보통 ▶ 빠르게 3가지 속도가 변속으로 반복됩니다.

278	279	280
You don't look convinced. [유돈툭 컨빈스트] 납득이 안 되는 것처럼 보이네요.	**Could you tell me why?** [크쥬텔미 와이?] 왜 그런지 말씀해 주시겠어요?	**I'm in a meeting right now.** [암 이너미링 롸잇나우] 전 지금 회의 중입니다.
You don't look convinced.	Could you tell me why?	I'm in a meeting right now.
납득이 안 되는 것처럼 보이네요.	왜 그런지 말씀해 주시겠어요?	전 지금 회의 중입니다.

175

배트맨 기초훈련

	281	282
 1단계  그림을 보며 네이티브의 음성을 들어보세요.		
 2단계 **표현 보기** 표현을 보며 네이티브를 따라 읽어보세요.	**I'm with a client right now.** [암 위더 클라이언트 롸잇나우] 전 지금 고객과 같이 있습니다.	**I just got back to the office.** [아- 져스트 갓빼액 트디 오피스] 방금 사무실로 돌아왔어요.
 3단계 **의미 확인** 영어를 큰 소리로 읽고 우리말로 말해보세요.	I'm with a client right now.	I just got back to the office.
 4단계  우리말을 큰 소리로 읽고 영어로 말해보세요.	전 지금 고객과 같이 있습니다.	방금 사무실로 돌아왔어요.

뱉으면 영어가 되는 훈련, 지금 시작해 볼까요?

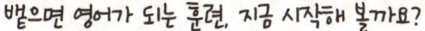 mp3는 ▶ ▶ 3가지 속도가 변속으로 반복됩니다.

283	284	285
I'll check my inbox. [아울첵 마이 인박스] 받은 편지함 확인해 볼게요.	**There is an error on the document.** [데어리전 에러 언더다큐먼트] 서류에 오류가 있어요.	**There is an error on the invoice.** [데어리전 에러 언디인보이스] 청구서에 오류가 있습니다.
I'll check my inbox.	There is an error on the document.	There is an error on the invoice.
받은 편지함 확인해 볼게요.	서류에 오류가 있어요.	청구서에 오류가 있습니다.

배트맨 기초훈련 58일

	286	287
1단계 **일단 듣기** 그림을 보며 네이티브의 음성을 들어보세요.		
2단계 **표현 보기** 표현을 보며 네이티브를 따라 읽어보세요.	*Bonus I get the picture.* [아겟더 픽쳐] 어떤 것인지 알 것 같아.	Could you type this report? [쿠쥬 타입디스 리포올트?] 이 보고서를 타이핑해 줄 수 있어요?
3단계 **의미 확인** 영어를 큰 소리로 읽고 우리말로 말해보세요.	I get the picture.	Could you type this report?
4단계 **배트맨 영어** 우리말을 큰 소리로 읽고 영어로 말해보세요.	어떤 것인지 알 것 같아.	이 보고서를 타이핑해 줄 수 있어요?

●Bonus 표현 설명은 p.362에서 확인하세요.

뱉으면 영어가 되는 훈련, 지금 시작해 볼까요?

🎧 mp3는 ▸ ▸ 빠르게 3가지 속도가 변속으로 반복됩니다.

🎧 Training 058.mp3

훈련영상 보기

288	289	290
Could you duplicate it?	**Whatever it takes.**	**Let's call it a day.***
[크쥬 듀플리케이릿?]	[와레벌 잇 테익스]	[렛츠 커-얼리러데이]
이거 복사해 줄 수 있으세요?	무슨 일이 있어도 할 거예요.	오늘은 그만합시다.
Could you duplicate it?	Whatever it takes.	Let's call it a day.
이거 복사해 줄 수 있으세요?	무슨 일이 있어도 할 거예요.	오늘은 그만합시다.

●Bonus 표현 설명은 p.362에서 확인하세요.

배트맨 기초훈련

	291	292
1단계 **· 일단 듣기 ·** 그림을 보며 네이티브의 음성을 들어보세요.		
2단계 **· 표현 보기 ·** 표현을 보며 네이티브를 따라 읽어보세요.	**Let's have a heart-to-heart talk.** [렛츠-해버 헐트헐터-억] **터놓고 이야기해 봅시다.**	**Please hear me out.** [플리즈 히얼미 아웃] **끝까지 들어봐요.**
3단계 **· 의미 확인 ·** 영어를 큰 소리로 읽고 우리말로 말해보세요.	Let's have a heart-to-heart talk.	Please hear me out.
4단계 **· 배트맨 영어 ·** 우리말을 큰 소리로 읽고 영어로 말해보세요.	터놓고 이야기해 봅시다.	끝까지 들어봐요.

뽑으면 영어가 되는 훈련, 지금 시작해 볼까요?

 Training 059.mp3

🎧 mp3는 느리게 ▶ 보통 ▶ 빠르게 3가지 속도가 변속으로 반복됩니다.

293	294	295
*Bonus		
Let's wait and see.*	**We're getting nowhere.**	**Let's get it over with.**
[렛츠웨이랜 씨-이]	[위알게링 노웨열]	[렛츠게릿 오-벌 윝]
어디 두고 봅시다.	아무 진전이 없군요.	그냥 끝냅시다.
Let's wait and see.	We're getting nowhere.	Let's get it over with.
어디 두고 봅시다.	아무 진전이 없군요.	그냥 끝냅시다.

*Bonus 표현 설명은 p.362에서 확인하세요.

배트맨 기초훈련 60일

	296	297
1단계 · 일단 듣기 · 그림을 보며 네이티브의 음성을 들어보세요.		
2단계 · 표현 보기 · 표현을 보며 네이티브를 따라 읽어보세요.	**Is there a bathroom nearby?** [이즈 데어러 배-쓰룸 녈-바이?] 화장실이 근처에 있나요?	**Is there a coffee shop nearby?** [이즈 데어러 커-피샵 녈-바이?] 근처에 커피숍이 있나요?
3단계 · 의미 확인 · 영어를 큰 소리로 읽고 우리말로 말해보세요.	Is there a bathroom nearby?	Is there a coffee shop nearby?
4단계 · 배트맨 영어 · 우리말을 큰 소리로 읽고 영어로 말해보세요.	화장실이 근처에 있나요?	근처에 커피숍이 있나요?

뱉으면 영어가 되는 훈련, 지금 시작해 볼까요?

🎧 mp3는 느리게 ▶ 보통 ▶ 빠르게 3가지 속도가 변속으로 반복됩니다.

🎧 Training 060.mp3

훈련영상 보기

298	299	300
If you need anything, let me know.	**How about calling a meeting?**	**I slept like a dog.**
[이퓨니드 애니띵, 렘미노우]	[하우어바웃 커얼링어 미링?]	[아 슬렙 라이커 어-그]
필요한 게 있으시면 말씀하세요.	회의를 소집하는 게 어떻습니까?	아주 잘 잤다.
If you need anything, let me know.	How about calling a meeting?	I slept like a dog.
필요한 게 있으시면 말씀하세요.	회의를 소집하는 게 어떻습니까?	아주 잘 잤다.

183

중간점검 12

기초훈련 56~60일

1단계 · 대화 듣기 ·
그림을 보며 네이티브의 음성을 들어보세요.

2단계 · 대화 보기 ·
표현을 보며 네이티브를 따라 읽어보세요.

01
- A Why are you giving this back to me?
- B **There is an error on the document.**
- A 이걸 왜 저에게 다시 주세요?
- B **서류에 오류가 있어요.**

02
- A Well, should I do this?
- B **You don't look convinced.**
- A 음, 이걸 해야만 하는 거야?
- B **납득이 안 된다는 얼굴이군.**

3단계 · 의미 확인 ·
영어를 큰 소리로 읽고 우리말로 말해보세요.

- A Why are you giving this back to me?
- B **There is an error on the document.**
- A 이걸 왜 저에게 다시 주세요?
- B

- A Well, should I do this?
- B **You don't look convinced.**
- A 음, 이걸 해야만 하는 거야?
- B

4단계 · 대화하기 ·
우리말을 큰 소리로 읽고 영어로 말해보세요.

- A 이걸 왜 저에게 다시 주세요?
- B 서류에 오류가 있어요.
- A Why are you giving this back to me?
- B

- A 음, 이걸 해야만 하는 거야?
- B 납득이 안 된다는 얼굴이군.
- A Well, should I do this?
- B

지금까지 배운 표현 자신 있게 말할 수 있나요?
실전 대화에서 확인해 보세요.

03	04	05
A **Let's have a heart-to-heart talk.** B This sounds serious. A 우리 터놓고 이야기 좀 하자. B 이거 뭔가 심각한 거 같은데.	A **Could you type this report?** B Okay. When do you need it by? A 이 보고서 좀 타이핑해 줄 수 있어요? B 네. 언제까지 필요하세요?	A Are you still at the bank? B **I just got back to the office.** A 아직 은행이에요? B 방금 사무실로 돌아왔습니다.
A **Let's have a heart-to-heart talk.** B This sounds serious. A B 이거 뭔가 심각한 거 같은데.	A **Could you type this report?** B Okay. When do you need it by? A B 네. 언제까지 필요하세요?	A Are you still at the bank? B **I just got back to the office.** A 아직 은행이에요? B
A 우리 터놓고 이야기 좀 하자. B 이거 뭔가 심각한 거 같은데. A B This sounds serious.	A 이 보고서 좀 타이핑해 줄 수 있어요? B 네. 언제까지 필요하세요? A B Okay. When do you need it by?	A 아직 은행이에요? B 방금 사무실로 돌아왔습니다. A Are you still at the bank? B

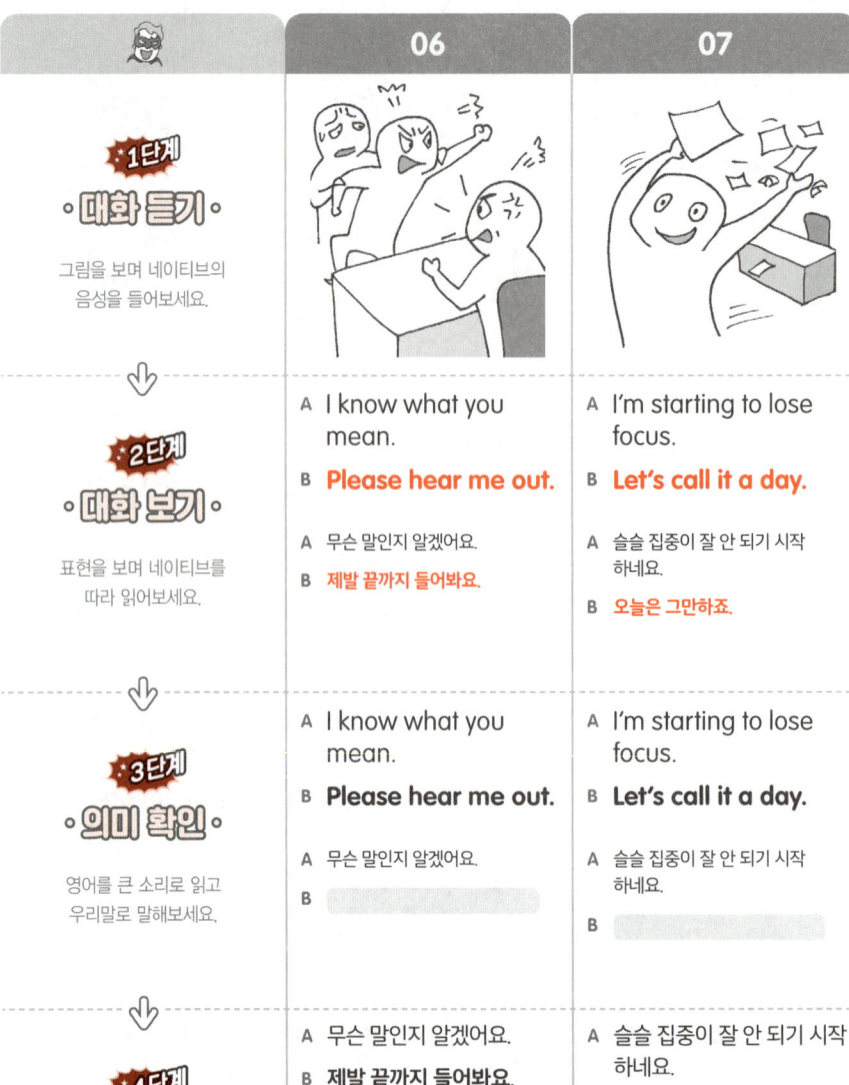

중간점검 12

	06	07
1단계 · 대화 듣기 · 그림을 보며 네이티브의 음성을 들어보세요.		
2단계 · 대화 보기 · 표현을 보며 네이티브를 따라 읽어보세요.	A I know what you mean. B **Please hear me out.** A 무슨 말인지 알겠어요. B 제발 끝까지 들어봐요.	A I'm starting to lose focus. B **Let's call it a day.** A 슬슬 집중이 잘 안 되기 시작하네요. B 오늘은 그만하죠.
3단계 · 의미 확인 · 영어를 큰 소리로 읽고 우리말로 말해보세요.	A I know what you mean. B **Please hear me out.** A 무슨 말인지 알겠어요. B	A I'm starting to lose focus. B **Let's call it a day.** A 슬슬 집중이 잘 안 되기 시작하네요. B
4단계 · 대화하기 · 우리말을 큰 소리로 읽고 영어로 말해보세요.	A 무슨 말인지 알겠어요. B 제발 끝까지 들어봐요. A I know what you mean. B	A 슬슬 집중이 잘 안 되기 시작하네요. B 오늘은 그만하죠. A I'm starting to lose focus. B

기초훈련 56~60일

08	09	10
A You look well! B **I slept like a dog.** A 좋아 보이는 걸! B **아주 잘 잤거든.**	A Can I see you in my office? B **I'm with a client right now.** A 제 사무실에서 볼 수 있을까요? B **지금 고객과 함께 있습니다.**	A You can't go in there right now. B **Could you tell me why?** A 지금 거기 들어가시면 안 돼. B **왜 그런지 말씀해 주시겠어요?**
A You look well! B **I slept like a dog.** A 좋아 보이는 걸! B	A Can I see you in my office? B **I'm with a client right now.** A 제 사무실에서 볼 수 있을까요? B	A You can't go in there right now. B **Could you tell me why?** A 지금 거기 들어가시면 안 돼. B
A 좋아 보이는 걸! B 아주 잘 잤거든. A You look well! B	A 제 사무실에서 볼 수 있을까요? B 지금 고객과 함께 있습니다. A Can I see you in my office? B	A 지금 거기 들어가시면 안 돼. B 왜 그런지 말씀해 주시겠어요? A You can't go in there right now. B

배트면 기초훈련 61일

	301	302
1단계 **일단 듣기** 그림을 보며 네이티브의 음성을 들어보세요.		
2단계 **표현 보기** 표현을 보며 네이티브를 따라 읽어보세요.	You're tone deaf. [유얼 토온 데프] 너 음치구나.	It's impossible. [잇츠 임파서블] 그건 불가능해요.
3단계 **의미 확인** 영어를 큰 소리로 읽고 우리말로 말해보세요.	You're tone deaf.	It's impossible.
4단계 **배트면 영어** 우리말을 큰 소리로 읽고 영어로 말해보세요.	너 음치구나.	그건 불가능해요.

뽑으면 영어가 되는 훈련, 지금 시작해 볼까요?

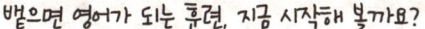

🎧 mp3는 느리게 ▶ 보통 ▶ 빠르게 3가지 속도가 변속으로 반복됩니다.

훈련영상 보기

303	304	305
Who said so?	**Don't be modest.**	**Don't change the subject!**
[후 쎋쏘?]	[돈비 마디스트]	[돈 췌인쥐 더썹젝트]
누가 그렇게 말했어?	겸손해 하지 말아요.	화제를 다른 데로 돌리지 마요.
Who said so?	Don't be modest.	Don't change the subject!
누가 그렇게 말했어?	겸손해 하지 말아요.	화제를 다른 데로 돌리지 마요.

189

배트맨 기초훈련 62일

	306	307
1단계 **일단 듣기** 그림을 보며 네이티브의 음성을 들어보세요.		
2단계 **표현 보기** 표현을 보며 네이티브를 따라 읽어보세요.	**Easy does it.** [이지 더-짓] **천천히 해요.**	**I have a lot of work to do.** [아이햅 얼랏어브 월투두] **할 일이 많아.**

3단계 **의미 확인** 영어를 큰 소리로 읽고 우리말로 말해보세요.	Easy does it.	I have a lot of work to do.
4단계 **배트맨 영어** 우리말을 큰 소리로 읽고 영어로 말해보세요.	천천히 해요.	할 일이 많아.

뱉으면 영어가 되는 훈련, 지금 시작해 볼까요?

🎧 mp3는 느리게 ▶ 보통 ▶ 빠르게 3가지 속도가 변속으로 반복됩니다.

훈련영상 보기

308	309	310
For good?	**Don't ask.**	**You look good.**
[폴 굿?]	[돈 애스크]	[유룩 굿]
영원히?	묻지 말아요.	좋아 보이네요.
For good?	Don't ask.	You look good.
영원히?	묻지 말아요.	좋아 보이네요.

배트맨 기초훈련

	311	312
1단계 **일단 듣기** 그림을 보며 네이티브의 음성을 들어보세요.		
2단계 **표현 보기** 표현을 보며 네이티브를 따라 읽어보세요.	**You are soaked!** [유얼 쏘옥트!] 흠뻑 젖었군요!	**Thanks for the compliment.** [땡스폴더 컴플러먼트] 칭찬해 주셔서 감사합니다.
3단계 **의미 확인** 영어를 큰 소리로 읽고 우리말로 말해보세요.	You are soaked! 	Thanks for the compliment. 
4단계 **배트맨 영어** 우리말을 큰 소리로 읽고 영어로 말해보세요.	흠뻑 젖었군요! 	칭찬해 주셔서 감사합니다.

뱉으면 영어가 되는 훈련, 지금 시작해 볼까요?

   3가지 속도가 변속으로 반복됩니다.

훈련영상 보기

313
That's not fair.
[댓츠낫 페얼]
불공평합니다.

314
Stop complaining.
[스탑 컴플레이닝]
불평 좀 그만하시지요.

315 *Bonus
Let's get down to business.*
[렛츠겟 다운트 비지니스]
본론으로 들어갑시다.

That's not fair.

Stop complaining.

Let's get down to business.

불공평합니다

불평 좀 그만하시지요.

본론으로 들어갑시다.

●Bonus 표현 설명은 p.359에서 확인하세요.

배트맨 기초훈련

	316	317
1단계 **· 일단 듣기 ·** 그림을 보며 네이티브의 음성을 들어보세요.		
2단계 **· 표현 보기 ·** 표현을 보며 네이티브를 따라 읽어보세요.	**It is time for lunch.** [잇츠 타임 폴 런취] **점심식사 할 시간입니다.**	**I have no appetite.** [아이 햅노 애피타이트] **난 식욕이 없네요.**
3단계 **· 의미 확인 ·** 영어를 큰 소리로 읽고 우리말로 말해보세요.	It is time for lunch.	I have no appetite.
4단계 **· 배트맨 영어 ·** 우리말을 큰 소리로 읽고 영어로 말해보세요.	점심식사 할 시간입니다.	난 식욕이 없네요.

뱉으면 영어가 되는 훈련, 지금 시작해 볼까요?

mp3는 느리게 ▶ 보통 ▶ 빠르게 3가지 속도가 변속으로 반복됩니다.

Training 064.mp3

훈련영상 보기

318	319	320
Make mine well-done. [매익마인 웰던] **내 건 잘 익혀줘요.**	**Check, please.** [췌크, 플리즈] **계산서 좀 주세요.**	**I hate to eat and run but...** [아이해잇투 이랜 훤 벗] **먹자마자 가기는 싫지만…**
Make mine well-done.	Check, please.	I hate to eat and run but...
내 건 잘 익혀줘요.	계산서 좀 주세요.	먹자마자 가기는 싫지만

배트맨 기초훈련 65일

	321	322
1단계 · 일단 듣기 · 그림을 보며 네이티브의 음성을 들어보세요.		
2단계 · 표현 보기 · 표현을 보며 네이티브를 따라 읽어보세요.	**Get in line.** [겟 인 라인] 줄을 서세요.	*Bonus* **How do you like it here?** [하우두유 라이킷 히얼?] 여기 어때요? 여기 좋아하세요?
3단계 · 의미 확인 · 영어를 큰 소리로 읽고 우리말로 말해보세요.	Get in line.	How do you like it here?
4단계 · 배트맨 영어 · 우리말을 큰 소리로 읽고 영어로 말해보세요.	줄을 서세요.	여기 어때요? 여기 좋아하세요?

*Bonus 표현 설명은 p.362에서 확인하세요.

뱉으면 영어가 되는 훈련, 지금 시작해 볼까요?

🎧 mp3는 ▶ ▶ 빠르게 3가지 속도가 변속으로 반복됩니다.

323	324	325
I am a little disappointed.	**It takes time.**	**Never mind.**
[아이엠 어 리틀 디써포인티드]	[잇 테익스 타임]	[네벌 마인드]
좀 실망했어요.	시간이 걸려요.	신경 쓰지 않아도 돼요.
I am a little disappointed.	It takes time.	Never mind.
좀 실망했어요.	시간이 걸려요.	신경 쓰지 않아도 돼요.

중간점검 13

	01	02
1단계 · 대화 듣기 · 그림을 보며 네이티브의 음성을 들어보세요.		
2단계 · 대화 보기 · 표현을 보며 네이티브를 따라 읽어보세요.	A We broke up. B **For good?** A 우리 헤어졌어. B **영 헤어진 거야?**	A I didn't mean to exclude you. B **I am a little disappointed.** A 당신을 배제시키려고 한 건 아니었어요. B **좀 실망했어요.**
3단계 · 의미 확인 · 영어를 큰 소리로 읽고 우리말로 말해보세요.	A We broke up. B **For good?** A 우리 헤어졌어. B	A I didn't mean to exclude you. B **I am a little disappointed.** A 당신을 배제시키려고 한 건 아니었어요. B
4단계 · 대화하기 · 우리말을 큰 소리로 읽고 영어로 말해보세요.	A 우리 헤어졌어. B **영 헤어진 거야?** A We broke up. B	A 당신을 배제시키려고 한 건 아니었어요. B **좀 실망했어요.** A I didn't mean to exclude you. B

지금까지 배운 표현 자신 있게 말할 수 있나요?
실전 대화에서 확인해 보세요.

03

A Where do you want to go for lunch today?
B I'll pass. **I have no appetite.**

A 오늘 점심 어디서 먹을까?
B 난 됐어. **식욕이 없네.**

A Where do you want to go for lunch today?
B I'll pass. **I have no appetite.**

A 오늘 점심 어디서 먹을까?
B 난 됐어.

A 오늘 점심 어디서 먹을까?
B 난 됐어. **식욕이 없네.**

A Where do you want to go for lunch today?
B I'll pass.

04

A I heard the boss is quitting next week.
B **Who said so?**

A 부장님께서 다음주에 그만두신대.
B **누가 그래?**

A I heard the boss is quitting next week.
B **Who said so?**

A 부장님께서 다음주에 그만두신대.
B

A 부장님께서 다음주에 그만두신대.
B **누가 그래?**

A I heard the boss is quitting next week.
B

05

A What happened? **You are soaked!**
B I left my umbrella at work.

A 무슨 일이야? 흠뻑 젖었네!
B 회사에 우산을 놓고 왔어.

A What happened? **You are soaked!**
B I left my umbrella at work.

A 무슨 일이야?
B 회사에 우산을 놓고 왔어.

A 무슨 일이야? 흠뻑 젖었네!
B 회사에 우산을 놓고 왔어.

A What happened?
B I left my umbrella at work.

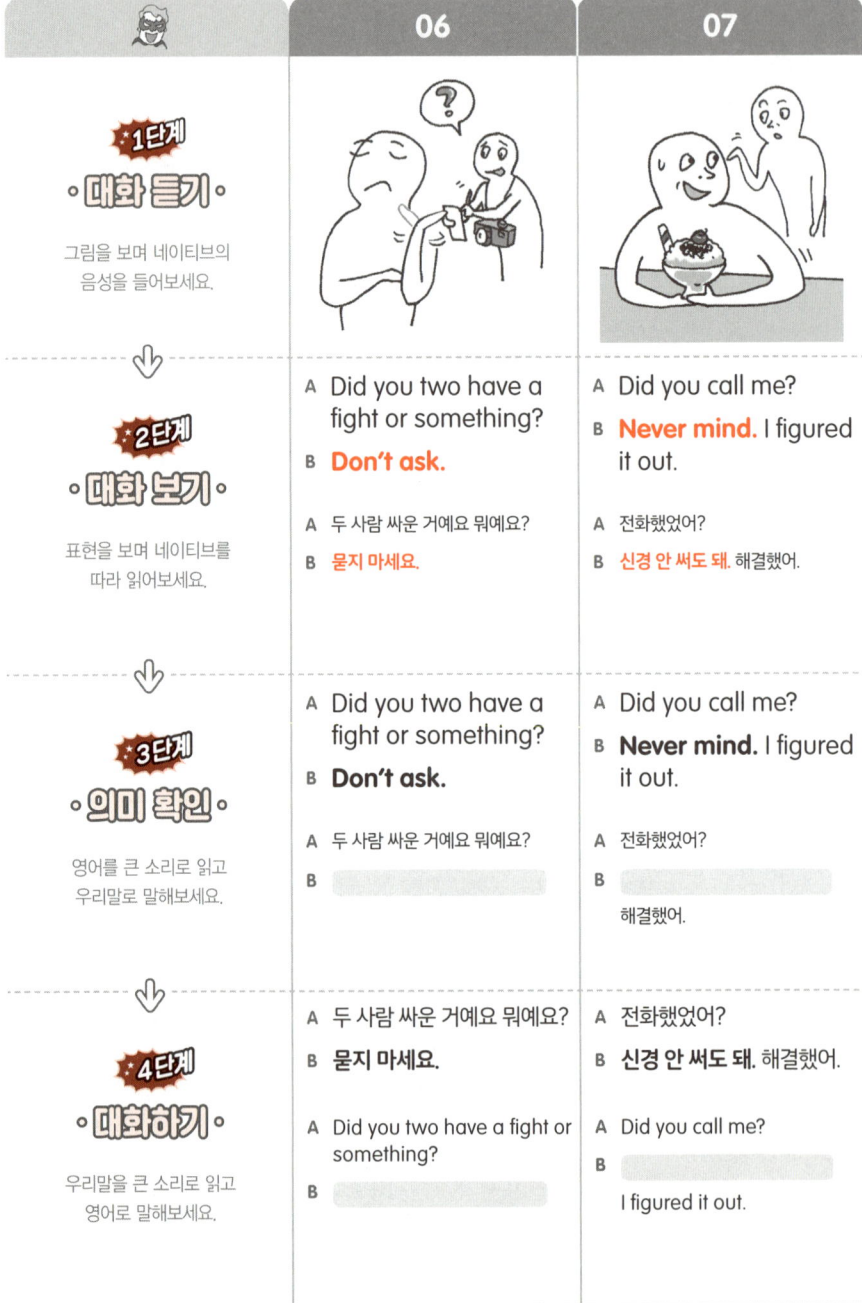

기초훈련 61~65일

08

A I don't deserve all this praise.
B **Don't be modest.** You earned it.

A 이 모든 칭찬은 저에게 과합니다.
B **겸손해 하지 말아요.** 당신은 자격이 있어요.

A I don't deserve all this praise.
B **Don't be modest.** You earned it.

A 이 모든 칭찬은 저에게 과합니다.
B _____ 당신은 자격이 있어요.

A 이 모든 칭찬은 저에게 과합니다.
B **겸손해 하지 말아요.** 당신은 자격이 있어요.

A I don't deserve all this praise.
B _____ You earned it.

09

A What are you doing tonight?
B **I have a lot of work to do.**

A 오늘밤에 뭐해?
B **할 일이 많아.**

A What are you doing tonight?
B **I have a lot of work to do.**

A 오늘밤에 뭐해?
B _____

A 오늘밤에 뭐해?
B **할 일이 많아.**

A What are you doing tonight?
B _____

10

A I can't get used to my new phone.
B **It takes time.**

A 새 폰에 적응을 못하겠어.
B **시간이 걸려.**

A I can't get used to my new phone.
B **It takes time.**

A 새 폰에 적응을 못하겠어.
B _____

A 새 폰에 적응을 못하겠어.
B **시간이 걸려.**

A I can't get used to my new phone.
B _____

배트맨 기초훈련 66일

	326	327
1단계 •일단 듣기• 그림을 보며 네이티브의 음성을 들어보세요.		 *Bonus
2단계 •표현 보기• 표현을 보며 네이티브를 따라 읽어보세요.	**Never say die.** [네벌 쌔이 다이] 죽는다는 소리 마라.	**Say cheese!*** [쌔이 취-즈] 치-즈 하세요!
3단계 •의미 확인• 영어를 큰 소리로 읽고 우리말로 말해보세요.	Never say die.	Say cheese!
4단계 •배트맨 영어• 우리말을 큰 소리로 읽고 영어로 말해보세요.	죽는다는 소리 마라.	치-즈 하세요!

•Bonus 표현 설명은 p.359에서 확인하세요.

뱉으면 영어가 되는 훈련, 지금 시작해 볼까요?

🎧 mp3는 [느리게] ▶ [보통] ▶ [빠르게] 3가지 속도가 변속으로 반복됩니다.

328	329	330
Don't let me down.	**Make that two, please.**	**You are a lucky duck.**
[돈 렛미 다운]	[매익댓 투, 플리즈]	[유알 어 럭키 덕]
나를 실망시키지 말아요.	2개로 해주세요.	당신은 행운아입니다.
Don't let me down.	Make that two, please.	You are a lucky duck.
나를 실망시키지 말아요.	2개로 해주세요.	당신은 행운아입니다.

배트맨 기초훈련

	331	332
1단계 **일단 듣기** 그림을 보며 네이티브의 음성을 들어보세요.		
2단계 **표현 보기** 표현을 보며 네이티브를 따라 읽어보세요.	**Slow down.** [슬로우 다운] 속도 줄여요.	**Watch out!** [워취 아웃!] 조심해요!
3단계 **의미 확인** 영어를 큰 소리로 읽고 우리말로 말해보세요.	Slow down.	Watch out!
4단계 **배트맨 영어** 우리말을 큰 소리로 읽고 영어로 말해보세요.	속도 줄여요.	조심해요!

뱉으면 영어가 되는 훈련, 지금 시작해 볼까요? 🎧 **Training 067.mp3**

🎧 mp3는 [느리게] ▶ [보통] ▶ [빠르게] 3가지 속도가 변속으로 반복됩니다.

훈련영상 보기

333

You must be crazy.
[유머슷비 크뤠이쥐]
당신 미쳤군요.

You must be crazy.

당신 미쳤군요.

334

Where do you live?
[웨얼두유리브?]
어디에 사세요?

Where do you live?

어디에 사세요?

335

Welcome home! *Bonus
[웰컴 홈!]
어서 오세요!

Welcome home!

어서 오세요!

*Bonus 표현 설명은 p.363에서 확인하세요.

배트면 기초훈련 68일

	336	337
1단계 • 일단 듣기 • 그림을 보며 네이티브의 음성을 들어보세요.		 *Bonus
2단계 • 표현 보기 • 표현을 보며 네이티브를 따라 읽어보세요.	**What's the point?** [왓츠더 포인트?] 요점이 뭐지요?	**I looked fat.**[*] [아이룩트 패앳] 나 부어 보였어.
3단계 • 의미 확인 • 영어를 큰 소리로 읽고 우리말로 말해보세요.	What's the point?	I looked fat.
4단계 • 배트면 영어 • 우리말을 큰 소리로 읽고 영어로 말해보세요.	요점이 뭐지요?	나 부어 보였어.

*Bonus 표현 설명은 p.363에서 확인하세요.

뱉으면 영어가 되는 훈련, 지금 시작해 볼까요?

🎧 mp3는 ▶ ▶ 빠르게 3가지 속도가 변속으로 반복됩니다.

338	339	340
*Bonus		*Bonus
How pathetic!*	**You should get in shape.**	**Maybe some other time.***
[하우 퍼쎄릭!]	[유슏게릿 쉐이프]	[메이비 썸어덜 타임]
짠하다 정말!	몸매를 가꿔봐.	아마도 나중에.
How pathetic!	You should get in shape.	Maybe some other time.
짠하다 정말!	몸매를 가꿔봐.	아마도 나중에.

●Bonus 표현 설명은 p.363에서 확인하세요.

배트면 기초훈련 69일

	341	342
1단계 **일단 듣기** 그림을 보며 네이티브의 음성을 들어보세요.		
2단계 **표현 보기** 표현을 보며 네이티브를 따라 읽어보세요.	**What do you know?** [왓두유 노우?] **넌 무엇을 알고 있어?**	**Money talks.** [머니 턱스] **돈이면 다 돼.**
3단계 **의미 확인** 영어를 큰 소리로 읽고 우리말로 말해보세요.	What do you know?	Money talks.
4단계 **배트면 영어** 우리말을 큰 소리로 읽고 영어로 말해보세요.	넌 무엇을 알고 있어?	돈이면 다 돼.

뱉으면 영어가 되는 훈련, 지금 시작해 볼까요?

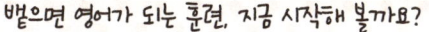  

mp3는 ▶ ▶ 3가지 속도가 변속으로 반복됩니다.

343	344	345
Maybe not.	**Good to know.**	**So what are you gonna be?**
[매이비 낫]	[굿투노우]	[쏘 와라유 고나비?]
아닐지도 몰라.	알게 되어서 다행이군.	그래서 이제 어떻게 할 거야?
Maybe not.	Good to know.	So what are you gonna be?
아닐지도 몰라.	알게 되어서 다행이군.	그래시 이제 어떻게 할 거야?

배트맨 기초훈련

	346	347
1단계 **· 일단 듣기 ·** 그림을 보며 네이티브의 음성을 들어보세요.		
2단계 **· 표현 보기 ·** 표현을 보며 네이티브를 따라 읽어보세요.	**You can keep it if you want.** [유캔 키-핏 이퓨원-트] 원한다면 가져.	**I can't thank you enough.** [아이캔트 땡큐이넙프] 어떻게 감사를 드려야 할지 모르겠어요.
3단계 **· 의미 확인 ·** 영어를 큰 소리로 읽고 우리말로 말해보세요.	You can keep it if you want.	I can't thank you enough.
4단계 **· 배트맨 영어 ·** 우리말을 큰 소리로 읽고 영어로 말해보세요.	원한다면 가져.	어떻게 감사를 드려야 할지 모르겠어요.

뱉으면 영어가 되는 훈련, 지금 시작해 볼까요?

mp3는 느리게 ▶ 보통 ▶ 빠르게 3가지 속도가 변속으로 반복됩니다.

348	349	350

It's my turn.	**I'm short-changed.**	**I'm broke.**
[잇츠 마이터-언]	[아임쏠 췌인쥐드]	[아임 브록]
제 차례입니다.	잔돈이 모자라는데요.	나는 무일푼입니다.
It's my turn.	I'm short-changed.	I'm broke.
제 차례입니다.	잔돈이 모자라는데요.	나는 **무일푼**입니다.

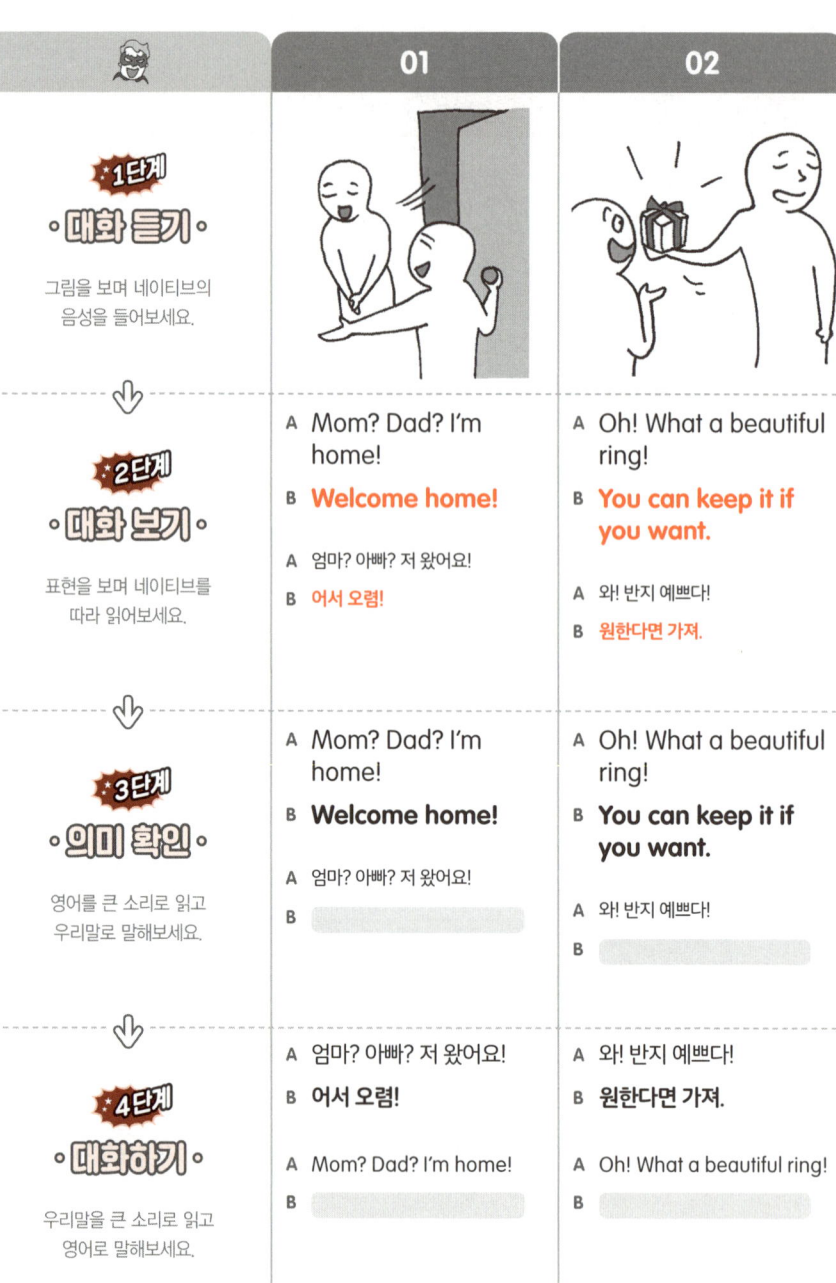

지금까지 배운 표현 자신 있게 말할 수 있나요?
실전 대화에서 확인해 보세요.

 Dialogue 14.mp3

03	04	05
A I'm pretty sure you can't do that. B **What do you know?** A 넌 그걸 할 수 없다는 생각이 강하게 든다. B **네가 뭘 알아?**	A You should always try to finish what you started. B **What's the point?** A 시작한 건 꼭 끝내도록 해. B **하고 싶은 말이 뭐야?**	A Could you take our picture, please? B Sure. Ready? **Say cheese!** A 저희 사진 좀 찍어 주실래요? B 그러죠. 준비되셨나요? **치-즈!**
A I'm pretty sure you can't do that. B **What do you know?** A 넌 그걸 할 수 없다는 생각이 강하게 든다. B	A You should always try to finish what you started. B **What's the point?** A 시작한 건 꼭 끝내도록 해. B	A Could you take our picture, please? B Sure. Ready? **Say cheese!** A 저희 사진 좀 찍어 주실래요? B 그러죠. 준비되셨나요?
A 넌 그걸 할 수 없다는 생각이 강하게 든다. B **네가 뭘 알아?** A I'm pretty sure you can't do that. B	A 시작한 건 꼭 끝내도록 해. B **하고 싶은 말이 뭐야?** A You should always try to finish what you started. B	A 저희 사진 좀 찍어 주실래요? B 그러죠. 준비되셨나요? **치-즈!** A Could you take our picture, please? B Sure. Ready?

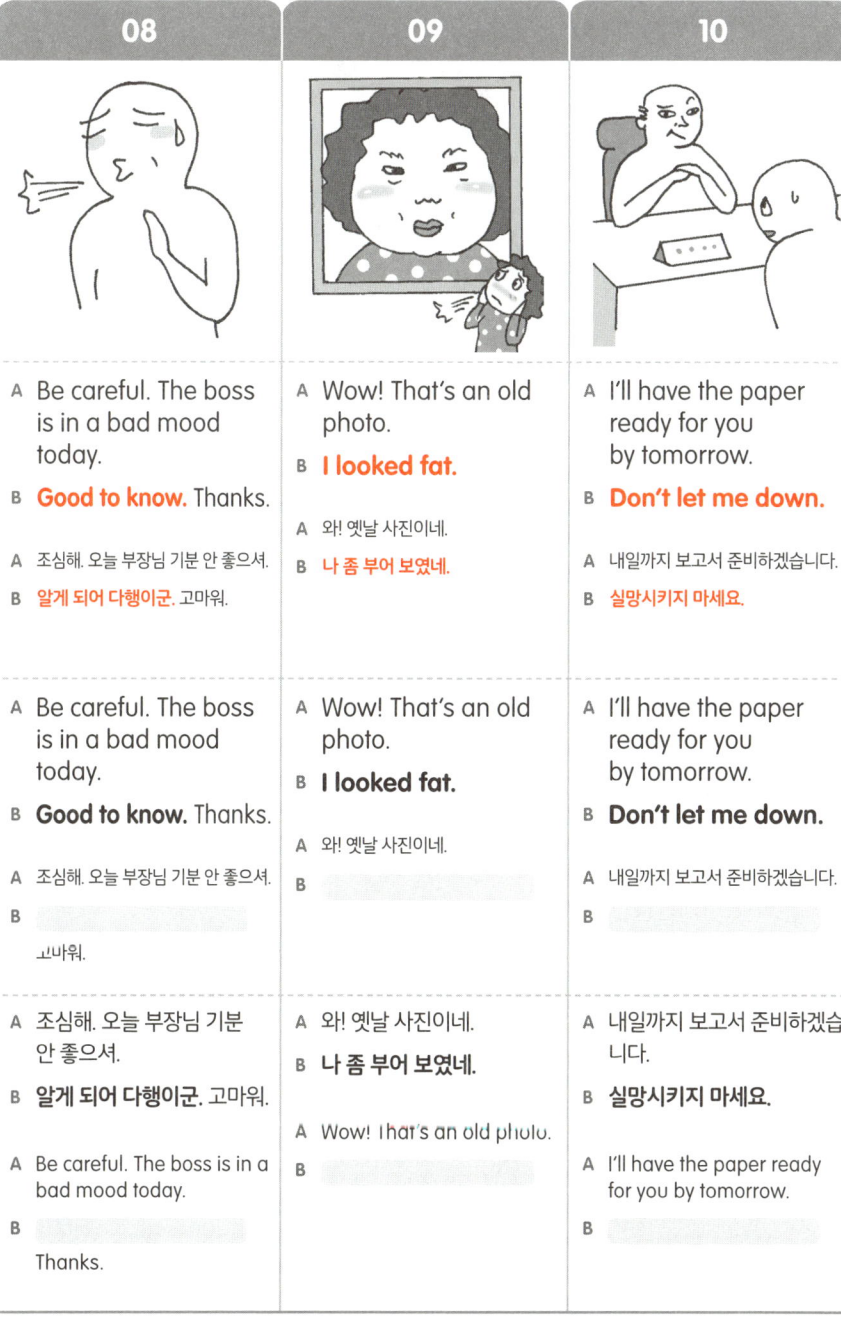

배트면 기초훈련 71일

	351	352
1단계 **· 일단 듣기 ·** 그림을 보며 네이티브의 음성을 들어보세요.		*Bonus
2단계 **· 표현 보기 ·** 표현을 보며 네이티브를 따라 읽어보세요.	**I'm crazy about her.** [아임 크뤠이지 어바웃 허얼] 나는 그녀에게 빠졌어요.	**Get real!*** [겟 뤼-얼] 정신 차려! (현실감 가져!)

3단계 **· 의미 확인 ·** 영어를 큰 소리로 읽고 우리말로 말해보세요.	I'm crazy about her.	Get real!
4단계 **· 배트면 영어 ·** 우리말을 큰 소리로 읽고 영어로 말해보세요.	나는 그녀에게 빠졌어요.	정신 차려! (현실감 가져!)

*Bonus 표현 설명은 p.363에서 확인하세요.

별으면 영어가 되는 훈련, 지금 시작해 볼까요?

mp3는 ▶ ▶ 3가지 속도가 변속으로 반복됩니다.

🎧 Training 071.mp3

훈련영상 보기

353

She is my style.

[쉬즈 마이 스타-일]

그녀는 내 타입이에요.

She is my style.

그녀는 내 타입이에요.

354

She is very sophisticated.

[쉬즈 베리 소피스티케이리드]

그녀는 매우 세련되었어요.

She is very sophisticated.

그녀는 매우 세련되었어요.

355

Enough is enough. *

[이넙 이즈 이넙]

그만하면 됐어.

Enough is enough.

그만하면 됐어.

*Bonus 표현 설명은 p.363에서 확인하세요.

배트맨 기초훈련

	356	357
1단계 **일단 듣기** 그림을 보며 네이티브의 음성을 들어보세요.		
2단계 **표현 보기** 표현을 보며 네이티브를 따라 읽어보세요.	**Drive safely!** [드라이브 새이플리] 운전 조심해요!	**Don't worry about it.** [돈 워리 어바우릿] 걱정하지 말아요.
3단계 **의미 확인** 영어를 큰 소리로 읽고 우리말로 말해보세요.	Drive safely!	Don't worry about it.
4단계 **배트맨 영어** 우리말을 큰 소리로 읽고 영어로 말해보세요.	운전 조심해요!	걱정하지 말아요.

뱉으면 영어가 되는 훈련, 지금 시작해 볼까요?

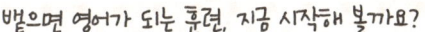 Training 072.mp3

🎧 mp3는 ▶ ▶ 3가지 속도가 변속으로 반복됩니다.

훈련영상 보기

358	359	360

How was your trip?
[하우워즈 유얼츄립?]
여행은 어땠어요?

Where did you stay?
[웨얼디쥬 스테이?]
어디에 머물렀지요?

I gotta make a call.
[아이가라 메이커 콜]
나 전화 좀 할게요.

How was your trip?

Where did you stay?

I gotta make a call.

여행은 어땠어요?

어디에 머물렀지요?

나 전화 좀 할게요.

배트맨 기초훈련 73일

	361	362
1단계 **· 일단 듣기 ·** 그림을 보며 네이티브의 음성을 들어보세요.		
2단계 **· 표현 보기 ·** 표현을 보며 네이티브를 따라 읽어보세요.	**I want you to meet somebody.** [아이원유루 밋 썸바리] **소개시켜 줄 사람이 있어.**	**Come on.** *Bonus [컴언] 어서! 에이, 그러지 말고.
3단계 **· 의미 확인 ·** 영어를 큰 소리로 읽고 우리말로 말해보세요.	I want you to meet somebody.	Come on.
4단계 **· 배트맨 영어 ·** 우리말을 큰 소리로 읽고 영어로 말해보세요.	소개시켜 줄 사람이 있어.	어서! 에이, 그러지 말고.

*Bonus 표현 설명은 p.364에서 확인하세요.

뱉으면 영어가 되는 훈련, 지금 시작해 볼까요?

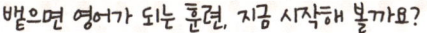 Training 073.mp3

mp3는 ▶ ▶ 3가지 속도가 변속으로 반복됩니다.

훈련영상 보기

363	364	365
Don't be shy.	**I am scared to death.**	**Good for you!**
[돈비 샤이]	[아임 스캐얼투 데-쓰]	[굳 폴유!]
부끄러워하지 마세요.	난 무서워 죽겠어요.	잘됐네요!
Don't be shy.	I am scared to death.	Good for you!
부끄러워하지 마세요.	난 무서워 죽겠어요.	잘됐네요!

221

배트맨 기초훈련 74일

	366	367
1단계 · 일단 듣기 · 그림을 보며 네이티브의 음성을 들어보세요.		
2단계 · 표현 보기 · 표현을 보며 네이티브를 따라 읽어보세요.	**I got lost.** [아이 갓 로-스트] **난 길을 잃었어요.**	**Don't be afraid.** [돈비 어프레이드] **두려워하지 마세요.**
3단계 · 의미 확인 · 영어를 큰 소리로 읽고 우리말로 말해보세요.	I got lost.	Don't be afraid.
4단계 · 배트맨 영어 · 우리말을 큰 소리로 읽고 영어로 말해보세요.	난 길을 잃었어요.	두려워하지 마세요.

뱉으면 영어가 되는 훈련, 지금 시작해 볼까요?

🎧 mp3는 느리게 ▶ 보통 ▶ 빠르게 3가지 속도가 변속으로 반복됩니다.

368	369	370

Couldn't be better than this.

[쿠든비 베럴댄디스]

이보다 더 좋을 순 없어.

Do I look all right?

[두아이 룩 오라잇?]

저 괜찮아 보여요?

I don't get it.

[아이돈 게릿]

이해를 못하겠네.

Couldn't be better than this.

Do I look all right?

I don't get it.

이보다 더 좋을 순 없어.

저 괜찮아 보여요?

이해를 못하겠네.

배트맨 기초훈련 75일

	371	372
1단계 일단 듣기 그림을 보며 네이티브의 음성을 들어보세요.		
2단계 표현 보기 표현을 보며 네이티브를 따라 읽어보세요.	**I don't like it.** [아이돈 라이킷] **난 그거 별로야.**	**It's out of style.** [잇츠 아우로브 스타-일] **유행이 아니네요.**
3단계 의미 확인 영어를 큰 소리로 읽고 우리말로 말해보세요.	I don't like it.	It's out of style.
4단계 배트맨 영어 우리말을 큰 소리로 읽고 영어로 말해보세요.	난 그거 별로야.	유행이 아니네요.

뱉으면 영어가 되는 훈련, 지금 시작해 볼까요?

🎧 mp3는 ▶ ▶ 3가지 속도가 변속으로 반복됩니다.

🎧 Training 075.mp3

훈련영상 보기

373	374	375

Many thanks in advance.
[매니 땡스 인 어드밴스]
미리 감사드려요.

Here is something for you.
[히얼즈 썸씽 풔유]
여기 작은 선물 받으세요.

Many thanks.
[매니 땡스]
정말 고마워요.

Many thanks in advance.

Here is something for you.

Many thanks.

미리 감사드려요.

여기 작은 선물 받으세요.

정말 고마워요.

225

중간점검 15

	01	02
1단계 대화 듣기 <small>그림을 보며 네이티브의 음성을 들어보세요.</small>		
2단계 대화 보기 <small>표현을 보며 네이티브를 따라 읽어보세요.</small>	A Welcome back! **How was your trip?** B Amazing! A 잘 돌아왔어! 여행 어땠어? B 아주 좋았어!	A Is this your first time? B Yes. **I am scared to death.** A 이거 처음이야? B 응, 나 무서워 죽겠어.
3단계 의미 확인 <small>영어를 큰 소리로 읽고 우리말로 말해보세요.</small>	A Welcome back! **How was your trip?** B Amazing! A 잘 돌아왔어! B 아주 좋았어!	A Is this your first time? B Yes. **I am scared to death.** A 이거 처음이야? B
4단계 대화하기 <small>우리말을 큰 소리로 읽고 영어로 말해보세요.</small>	A 잘 돌아왔어! 여행 어땠어? B 아주 좋았어! A Welcome back! B Amazing!	A 이거 처음이야? B 응, 나 무서워 죽겠어. A Is this your first time? B

지금까지 배운 표현 자신 있게 말할 수 있나요?
실전 대화에서 확인해 보세요.

03	04	05
A **I don't get it.** B I'll try to explain it simply. A **이해가 안 돼.** B 내가 간단하게 설명해줄게.	A What do you think of this jacket? B **I don't like it.** A 이 재킷 어떻게 생각해? B **난 그거 별로야.**	A So? Do you like her? B **I am crazy about her.** A 그래서? 너 걔 좋아해? B **나 완전히 걔한테 빠졌어.**
A **I don't get it.** B I'll try to explain it simply. A B 내가 간단하게 설명해줄게.	A What do you think of this jacket? B **I don't like it.** A 이 재킷 어떻게 생각해? B	A So? Do you like her? B **I am crazy about her.** A 그래서? 너 걔 좋아해? B
A **이해가 안 돼.** B 내가 간단하게 설명해줄게. A B I'll try to explain it simply.	A 이 재킷 어떻게 생각해? B **난 그거 별로야.** A What do you think of this jacket? B	A 그래서? 너 걔 좋아해? B **나 완전히 걔한테 빠졌어.** A So? Do you like her? B

기초훈련 71~75일

08	09	10

08

A I don't want to go there.
B **Come on.** Just for a few minutes, okay?

A 거기 가기 싫어.
B 에이, 그러지 말고. 잠깐이면 돼, 알았지?

A I don't want to go there.
B **Come on.** Just for a few minutes, okay?

A 거기 가기 싫어.
B
  잠깐이면 돼, 알았지?

A 거기 가기 싫어.
B 에이, 그러지 말고. 잠깐이면 돼, 알았지?

A I don't want to go there.
B
  Just for a few minutes, okay?

09

A I broke a string on your guitar.
B **Don't worry about it.**

A 네 기타 줄을 끊어 먹었어.
B 걱정하지 마. (괜찮아.)

A I broke a string on your guitar.
B **Don't worry about it.**

A 네 기타 줄을 끊어 먹었어.
B

A 네 기타 줄을 끊어 먹었어.
B 걱정하지 마. (괜찮아.)

A I broke a string on your guitar.
B

10

A The view is spectacular here.
B **Couldn't be better than this.**

A 여기 풍경이 아주 멋진데.
B 이보다 멋질 순 없지.

A The view is spectacular here.
B **Couldn't be better than this.**

A 여기 풍경이 아주 멋진데.
B

A 여기 풍경이 아주 멋진데.
B 이보다 멋질 순 없지.

A The view is spectacular here.
B

배트면 기초훈련 76일

	376	377
1단계 · 일단 듣기 · 그림을 보며 네이티브의 음성을 들어보세요.		
2단계 · 표현 보기 · 표현을 보며 네이티브를 따라 읽어보세요.	**Never better.** [네벌 베럴] 아주 좋아요.	**No kidding.** [노 키링] 설마 농담이겠지.
3단계 · 의미 확인 · 영어를 큰 소리로 읽고 우리말로 말해보세요.	Never better.	No kidding.
4단계 · 배트면 영어 · 우리말을 큰 소리로 읽고 영어로 말해보세요.	아주 좋아요.	설마 농담이겠지.

뱉으면 영어가 되는 훈련, 지금 시작해 볼까요?

 mp3는 느리게 ▶ 보통 ▶ 빠르게 3가지 속도가 변속으로 반복됩니다.

378	379	380
It was a bad day.	**I am exhausted.**	**Keep your chin up!***
[잇 워즈어 밷-데이]	[아앙 익져스티드]	[키퓨열 췬엎!]
힘든 하루였어요.	난 기진맥진입니다.	고개 들고 기운 내!
It was a bad day.	I am exhausted.	Keep your chin up!
힘든 하루였어요.	난 기진맥진입니다.	고개 들고 기운 내!

*Bonus 표현 설명은 p.360에서 확인하세요.

배트맨 기초훈련 77일

	381	382
1단계 **·일단 듣기·** 그림을 보며 네이티브의 음성을 들어보세요.		
2단계 **·표현 보기·** 표현을 보며 네이티브를 따라 읽어보세요.	**He is history to me.** [히즈 히스토리 투 미] 그 사람은 나에게 다 지난 일이야.	*Bonus* **Can't argue with that.*** [캔트 알규 윗댓] 그것에 대해서 왈가왈부할 필요가 없지요.
3단계 **·의미 확인·** 영어를 큰 소리로 읽고 우리말로 말해보세요.	He is history to me. 	Can't argue with that. 
4단계 **·배트맨 영어·** 우리말을 큰 소리로 읽고 영어로 말해보세요.	그 사람은 나에게 다 지난 일이야. 	그것에 대해서 왈가왈부할 필요가 없지요. 

 *Bonus 표현 설명은 p.364에서 확인하세요.

뱉으면 영어가 되는 훈련, 지금 시작해 볼까요?

🎧 Training 077.mp3

훈련영상 보기

🎧 mp3는 `느리게` ▶ `보통` ▶ `빠르게` 3가지 속도가 변속으로 반복됩니다.

383	384	385
Some things never change.	**Break it up.**	**I am all set.**
[썸 띵즈 네벌체인쥐]	[브뤠잌키럽]	[아앰올-셋]
어떤 건 정말 안 변하는군.	그만 싸워요.	난 모든 준비 완료.
Some things never change.	Break it up.	I am all set.
어떤 건 정말 안 변하는군.	그만 싸워요.	난 모든 준비 완료.

233

배트맨 기초훈련 78일

	386	387
1단계 **• 일단 듣기 •** 그림을 보며 네이티브의 음성을 들어보세요.		
2단계 **• 표현 보기 •** 표현을 보며 네이티브를 따라 읽어보세요.	**I will get it.*** [아 윌 게릿] **(전화 등을) 제가 받을게요.**	**You have the wrong number.** [유 해브 더 훵 넘벌] **전화를 잘못 거셨어요.**
3단계 **• 의미 확인 •** 영어를 큰 소리로 읽고 우리말로 말해보세요.	I will get it.	You have the wrong number.
4단계 **• 배트맨 영어 •** 우리말을 큰 소리로 읽고 영어로 말해보세요.	(전화 등을) 제가 받을게요.	전화를 잘못 거셨어요.

*Bonus 표현 설명은 p.364에서 확인하세요.

뱉으면 영어가 되는 훈련, 지금 시작해 볼까요?

🎧 mp3는 느리게 ▶ 보통 ▶ 빠르게 3가지 속도가 변속으로 반복됩니다.

훈련영상 보기

388	389	390
How many times do I have to say it?	**Didn't I make myself clear?**	**Amazing.***
[하우매니타임즈 두아이햅투 새이잇?]	[디든아이 매익 마이셀프 클리얼?]	[어메이징]
몇 번이나 말해야 알겠어요?	제 입장을 확실하게 말하지 않았나요?	신기하군요.
How many times do I have to say it?	Didn't I make myself clear?	Amazing.
몇 번이나 말해야 알겠어요?	제 입장을 확실하게 말하지 않았나요?	신기하군요.

*Bonus 표현 설명은 p.364에서 확인하세요.

배트맨 기초훈련 79일

	391	392
1단계 **· 일단 듣기 ·** 그림을 보며 네이티브의 음성을 들어보세요.	 *Bonus	
2단계 **· 표현 보기 ·** 표현을 보며 네이티브를 따라 읽어보세요.	**Hang in there.**[*] [행 인데얼] 견뎌. 버텨.	**I'm out of breath.** [아임 아우로브 브뢰쓰] 숨 차 죽겠어.
3단계 **· 의미 확인 ·** 영어를 큰 소리로 읽고 우리말로 말해보세요.	Hang in there.	I'm out of breath.
4단계 **· 배트맨 영어 ·** 우리말을 큰 소리로 읽고 영어로 말해보세요.	견뎌. 버텨.	숨 차 죽겠어.

●Bonus 표현 설명은 p.364에서 확인하세요.

뱉으면 영어가 되는 훈련, 지금 시작해 볼까요?
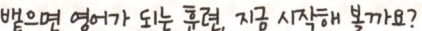
mp3는 ▶ ▶ 3가지 속도가 변속으로 반복됩니다.

훈련영상 보기

393	394	395

I think I did my best.
[아 띵크 아읻 마이 베스트]
나름대로는 열심히 했어.

How's your family?
[하우쥬열 패-밀리?]
가족은 잘 있어요?

I can't say for sure.
[아이캔-쎄이 폴 슈열]
확실히는 말 못하겠어요.

I think I did my best.

How's your family?

I can't say for sure.

나름대로는 열심히 했어.

가족은 잘 있어요?

확실히는 말 못하겠어요.

배트면 기초훈련

	396	397
1단계 **일단 듣기** 그림을 보며 네이티브의 음성을 들어보세요.		
2단계 **표현 보기** 표현을 보며 네이티브를 따라 읽어보세요.	**He didn't show up.** [히 디든 쇼엎] **그 사람은 나타나지 않았어.**	**It doesn't settle well with me.** [잇 더즌 세틀웰 윗미] **마음 한 구석이 좀 불편해.**
3단계 **의미 확인** 영어를 큰 소리로 읽고 우리말로 말해보세요.	He didn't show up.	It doesn't settle well with me.
4단계 **배트면 영어** 우리말을 큰 소리로 읽고 영어로 말해보세요.	그 사람은 나타나지 않았어.	마음 한 구석이 좀 불편해.

뱉으면 영어가 되는 훈련, 지금 시작해 볼까요?

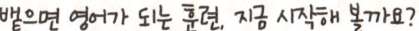 Training 080.mp3

mp3는 ▶ ▶ 3가지 속도가 변속으로 반복됩니다.

훈련영상 보기

398	399	400
The love bug has bitten you.	*Bonus **That's just ridiculous!***	**Don't be nosy.**
[더 러브버그 해즈비튼 유]	[댓츠 저스트 뤼디큘러스!]	[돈비 노지]
상사병에 걸렸구나.	김밥 옆구리 터지는 소리 하고 있네!	넌 빠져. 참견 마.
The love bug has bitten you.	That's just ridiculous!	Don't be nosy.
상사병에 걸렸구나.	김밥 옆구리 터지는 소리 하고 있네!	넌 빠져. 참견 마.

*Bonus 표현 설명은 p.364에서 확인하세요.

중간점검 16

	01	02
1단계 · 대화 듣기 · 그림을 보며 네이티브의 음성을 들어보세요.		
2단계 · 대화 보기 · 표현을 보며 네이티브를 따라 읽어보세요.	A Is everything packed? B **I'm all set.** A 다 챙겼어? B **난 준비 완료.**	A Are you satisfied with the results? B **I think I did my best.** A 결과에 만족해? B **최선을 다했다고 생각해.**
3단계 · 의미 확인 · 영어를 큰 소리로 읽고 우리말로 말해보세요.	A Is everything packed? B I'm all set. A 다 챙겼어? B	A Are you satisfied with the results? B I think I did my best. A 결과에 만족해? B
4단계 · 대화하기 · 우리말을 큰 소리로 읽고 영어로 말해보세요.	A 다 챙겼어? B 난 준비 완료. A Is everything packed? B	A 결과에 만족해? B 최선을 다했다고 생각해. A Are you satisfied with the results? B

지금까지 배운 표현 자신 있게 말할 수 있나요?
실전 대화에서 확인해 보세요.

 Dialogue 16.mp3

03

A Long time no see. How've you been?
B **Never better.**

A 정말 오랜만이야. 어떻게 지냈어?
B **아주 잘 지냈어.**

A Long time no see. How've you been?
B **Never better.**

A 정말 오랜만이야. 어떻게 지냈어?
B

A 정말 오랜만이야. 어떻게 지냈어?
B 아주 잘 지냈어.

A Long time no see. How've you been?
B

04

A Hi, Mary? Are you busy?
B Sorry. **You have the wrong number.**

A 여보세요, 메리? 바빠?
B 죄송하지만, **전화 잘못 거셨어요.**

A Hi, Mary? Are you busy?
B **Sorry. You have the wrong number.**

A 여보세요, 메리? 바빠?
B

A 여보세요, 메리? 바빠?
B 죄송하지만, 전화 잘못 거셨어요.

A Hi, Mary? Are you busy?
B

05

A Where's Phil?
B **He didn't show up.**

A 필 어딨지?
B 그 사람 안 왔어.

A Where's Phil?
B **He didn't show up.**

A 필 어딨지?
B

A 필 어딨지?
B 그 사람 안 왔어.

A Where's Phil?
B

기초훈련 76~80일

08	09	10

A Don't you miss him?	A I just adopted a pet pig.	A He's the best person for this task.
B **He is history to me.**	B **No kidding!**	B **Can't argue with that.**
A 그 사람 보고 싶지 않아?	A 애완 돼지를 입양했어.	A 그 사람이 이 일에 가장 적임자야.
B 이미 지나간 일이야.	B 설마!	B 두말하면 잔소리지.

A Don't you miss him?	A I just adopted a pet pig.	A He's the best person for this task.
B **He is history to me.**	B **No kidding!**	B **Can't argue with that.**
A 그 사람 보고 싶지 않아?	A 애완 돼지를 입양했어.	A 그 사람이 이 일에 가장 적임자야.
B	B	B

A 그 사람 보고 싶지 않아?	A 애완 돼지를 입양했어.	A 그 사람이 이 일에 가장 적임자야.
B 이미 지나간 일이야.	B 설마!	B 두말하면 잔소리지.
A Don't you miss him?	A I just adopted a pet pig.	A He's the best person for this task.
B	B	B

배트맨 기초훈련 81일

	401	402
1단계 · 일단 듣기 · 그림을 보며 네이티브의 음성을 들어보세요. 		
2단계 · 표현 보기 · 표현을 보며 네이티브를 따라 읽어보세요. 	**Attention, please!** [어텐션, 플리즈!] **좀 주목해 주세요!**	**How's work?** [하우즈 웍크?] **일은 어때요?**
3단계 · 의미 확인 · 영어를 큰 소리로 읽고 우리말로 말해보세요. 	Attention, please!	How's work?
4단계 · 배트맨 영어 · 우리말을 큰 소리로 읽고 영어로 말해보세요.	좀 주목해 주세요!	일은 어때요?

뱉으면 영어가 되는 훈련, 지금 시작해 볼까요?

mp3는 느리게 ▶ 보통 ▶ 빠르게 3가지 속도가 변속으로 반복됩니다.

Training 081.mp3

훈련영상 보기

403	404	405
Better than nothing.	**Don't be a chicken.**	**I'm deeply touched.**
[베럴댄 낫띵]	[돈비 어 취킨]	[아임 디쁠리 터취트]
없는 것보다 낫지요.	너무 소심하게 굴지 말아요.	정말 감동 받았어요.
Better than nothing.	Don't be a chicken.	I'm deeply touched.
없는 것보다 낫지요.	너무 소심하게 굴지 말아요.	정말 감동 받았어요.

배트면 기초훈련 82일

	406	407
1단계 **일단 듣기** 그림을 보며 네이티브의 음성을 들어보세요.		
2단계 **표현 보기** 표현을 보며 네이티브를 따라 읽어보세요.	**I'm coming.** [아잉 커밍] 지금 가요.	**How many times do I have to tell you?** [하우매니타임즈 두아이 햅투텔류?] 도대체 내가 몇 번이나 말해야 해?
3단계 **의미 확인** 영어를 큰 소리로 읽고 우리말로 말해보세요.	I'm coming.	How many times do I have to tell you?
4단계 **배트면 영어** 우리말을 큰 소리로 읽고 영어로 말해보세요.	지금 가요.	도대체 내가 몇 번이나 말해야 해?

뱉으면 영어가 되는 훈련, 지금 시작해 볼까요?

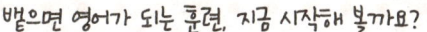

mp3는 ▶ ▶ 빠르게 3가지 속도가 변속으로 반복됩니다.

훈련영상 보기

408	409	410
I am single.	**This is the best day of my life.**	**How about you?**
[아엠 싱글]	[디씨즈더 베스트데이 어브마이라이프]	[하우바웃 유?]
전 미혼이에요.	내 생애 최고의 날이야!	넌 어때?
I am single.	This is the best day of my life.	How about you?
전 미혼이에요.	내 생애 최고의 날이야!	넌 어때?

247

배트맨 기초훈련 83일

	411	412
1단계 · 일단 듣기 · 그림을 보며 네이티브의 음성을 들어보세요.		
2단계 · 표현 보기 · 표현을 보며 네이티브를 따라 읽어보세요.	I am on duty. [아이 온 듀리] 근무 중이에요.	*Bonus* Since when do you play by the book?* [씬-스 웬두유플래이 바이더북?] 네가 언제부터 원칙대로 했다고 그래?
3단계 · 의미 확인 · 영어를 큰 소리로 읽고 우리말로 말해보세요.	I am on duty.	Since when do you play by the book?
4단계 · 배트맨 영어 · 우리말을 큰 소리로 읽고 영어로 말해보세요.	근무 중이에요.	네가 언제부터 원칙대로 했다고 그래?

●Bonus 표현 설명은 p.361에서 확인하세요.

뱉으면 영어가 되는 훈련, 지금 시작해 볼까요?

🎧 mp3는 ▶ ▶ 3가지 속도가 변속으로 반복됩니다.

훈련영상 보기

413	414	415
I can't help it.	**Shame on you.**	**Get out of my way.***
[아이캐앤 헬핏]	[쉐임온 유]	[겟 아우로브 마이웨이]
어쩔 수 없어요.	창피한 줄 알아!	제 길을 막지 마세요.
I can't help it.	Shame on you.	Get out of my way.
어쩔 수 없어요.	창피한 줄 알아!	제 길을 막지 마세요.

*Bonus 표현 설명은 p.365에서 확인하세요.

배트면 기초훈련

	416	417
1단계 **·일단 듣기·** 그림을 보며 네이티브의 음성을 들어보세요.		
2단계 **·표현 보기·** 표현을 보며 네이티브를 따라 읽어보세요.	**Didn't I mention it?** [디든아이 멘션잇?] 내가 말 안 했나?	**He's like me.** [히즈라익 미] 그 사람은 나랑 비슷해.
3단계 **·의미 확인·** 영어를 큰 소리로 읽고 우리말로 말해보세요.	Didn't I mention it?	He's like me.
4단계 **·배트면 영어·** 우리말을 큰 소리로 읽고 영어로 말해보세요.	내가 말 안 했나?	그 사람은 나랑 비슷해.

뱉으면 영어가 되는 훈련, 지금 시작해 볼까요?

🎧 mp3는 느리게 ▶ 보통 ▶ 빠르게 3가지 속도가 변속으로 반복됩니다.

🎧 Training 084.mp3

418	419	420
He's all alone.	**So what?**	**Sweet dreams.**
[히즈 올-얼론]	[쏘-왓?]	[스윗 드림즈]
그 사람은 외톨이야.	그래서 어쨌다는 거지?	잘 자요~
He's all alone.	So what?	Sweet dreams.
그 사람은 외톨이야.	그래서 어쨌다는 거지?	잘 자요~

배트맨 기초훈련 85일

	421	422
1단계 일단 듣기 그림을 보며 네이티브의 음성을 들어보세요.		
2단계 표현 보기 표현을 보며 네이티브를 따라 읽어보세요.	*Bonus* I have a long way to go.* [아이해버 롱-웨이루고] 난 갈 길이 멀어.	You wanna bet? [유 워너 벳?] 내기할래?
3단계 의미 확인 영어를 큰 소리로 읽고 우리말로 말해보세요.	I have a long way to go.	You wanna bet?
4단계 배트맨 영어 우리말을 큰 소리로 읽고 영어로 말해보세요.	난 갈 길이 멀어.	내기할래?

● Bonus 표현 설명은 p.365에서 확인하세요.

뺄으면 영어가 되는 훈련, 지금 시작해 볼까요?

🎧 Training 085.mp3

🎧 mp3는 ▶ ▶ 빠르게 3가지 속도가 변속으로 반복됩니다.

훈련영상 보기

423	424	425
Who cares!	*Bonus **It's not like* you did anything wrong.**	**You stay out of it.**
[후 케얼즈!]	[잇츠낫 라익 유 디드 애니띵 륑]	[유 스테이 아우로브잇]
알게 뭐야!	네가 무슨 잘못을 했다는 게 아니야.	넌 이것에 끼어들지 마.
Who cares!	It's not like you did anything wrong.	You stay out of it.
알게 뭐야!	네가 무슨 잘못을 했다는 게 아니야.	넌 이것에 끼어들지 마.

●Bonus 표현 설명은 p.365에서 확인하세요.

중간점검 17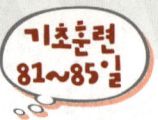

	01	02
1단계 **• 대화 듣기 •** 그림을 보며 네이티브의 음성을 들어보세요.		
⬇ **2단계** **• 대화 보기 •** 표현을 보며 네이티브를 따라 읽어보세요.	A **He's all alone.** B Let's go talk to him. A 걔는 외톨이야. B 가서 걔랑 이야기하자.	A I feel like a tea. **How about you?** B I think I might have a coffee. A 차가 마시고 싶네. 넌 어때? B 난 커피가 좋을 거 같아.
⬇ **3단계** **• 의미 확인 •** 영어를 큰 소리로 읽고 우리말로 말해보세요.	A **He's all alone.** B Let's go talk to him. A ____ B 가서 걔랑 이야기하자.	A I feel like a tea. **How about you?** B I think I might have a coffee. A 차가 마시고 싶네. ____ B 난 커피가 좋을 거 같아.
⬇ **4단계** **• 대화하기 •** 우리말을 큰 소리로 읽고 영어로 말해보세요.	A 걔는 외톨이야. B 가서 걔랑 이야기하자. A ____ B Let's go talk to him.	A 차가 마시고 싶네. 넌 어때? B 난 커피가 좋을 거 같아. A I feel like a tea. B I think I might have a coffee.

지금까지 배운 표현 자신 있게 말할 수 있나요?
실전 대화에서 확인해 보세요.

03

A Can't you stop doing that?
B Sorry. **I can't help it.**

A (긴장해서 다리를 떨고 있는 친구에게) 그것 좀 그만할래?
B 미안. **어쩔 수가 없어.**

A Can't you stop doing that?
B **Sorry. I can't help it.**

A (긴장해서 다리를 떨고 있는 친구에게) 그것 좀 그만할래?
B

A (긴장해서 다리를 떨고 있는 친구에게) 그것 좀 그만 할래?
B 미안. 어쩔 수가 없어.

A Can't you stop doing that?
B

04

A **How's work?**
B Same old same old.

A 일은 어때?
B 똑같지 뭐.

A **How's work?**
B Same old same old.

A
B 똑같지 뭐.

A 일은 어때?
B 똑같지 뭐.

A
B Same old same old.

05

A Wendy's gonna be angry if you use her things.
B **Who cares!**

A 웬디 물건 쓰면 걔가 화낼 거야.
B **알게 뭐야!**

A Wendy's gonna be angry if you use her things.
B **Who cares!**

A 웬디 물건 쓰면 걔가 화낼 거야.
B

A 웬디 물건 쓰면 걔가 화낼 거야.
B 알게 뭐야!

A Wendy's gonna be angry if you use her things.
B

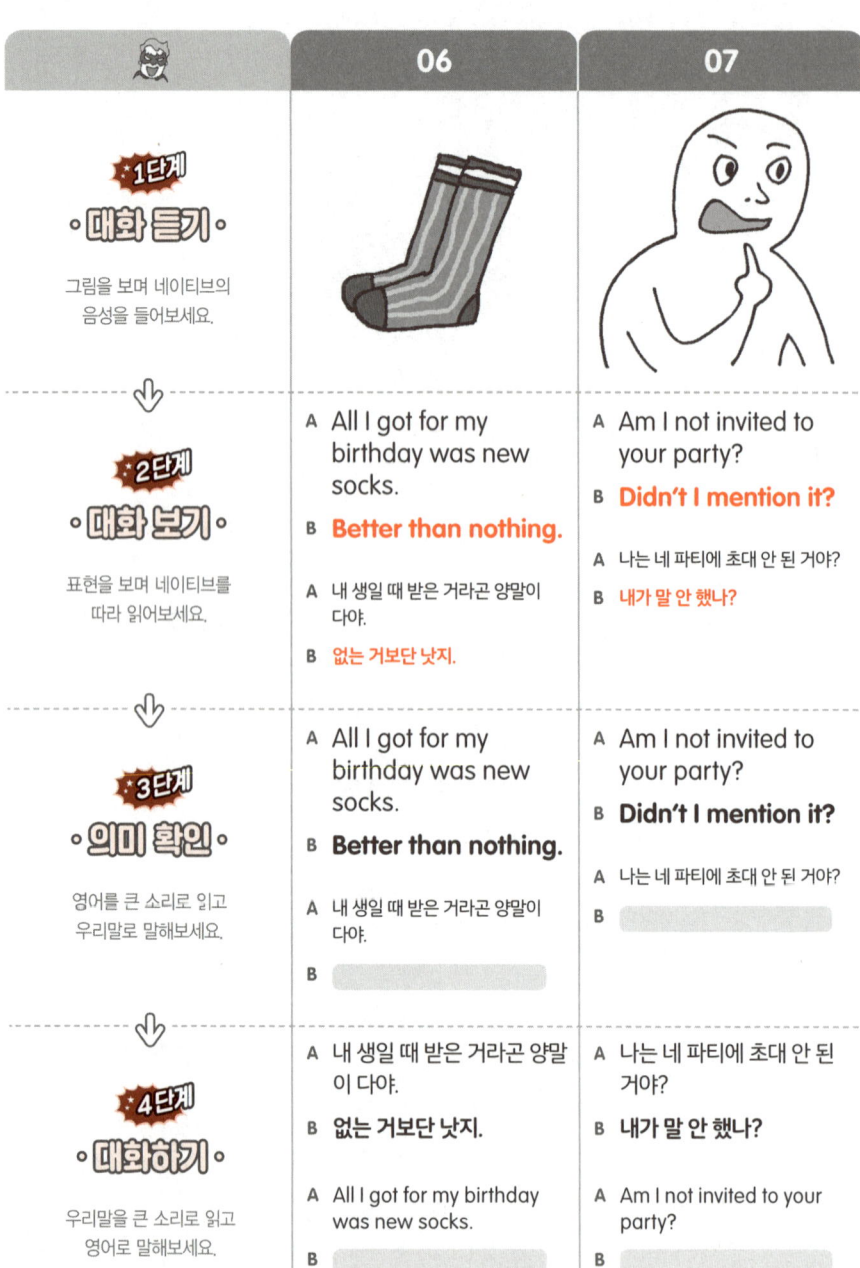

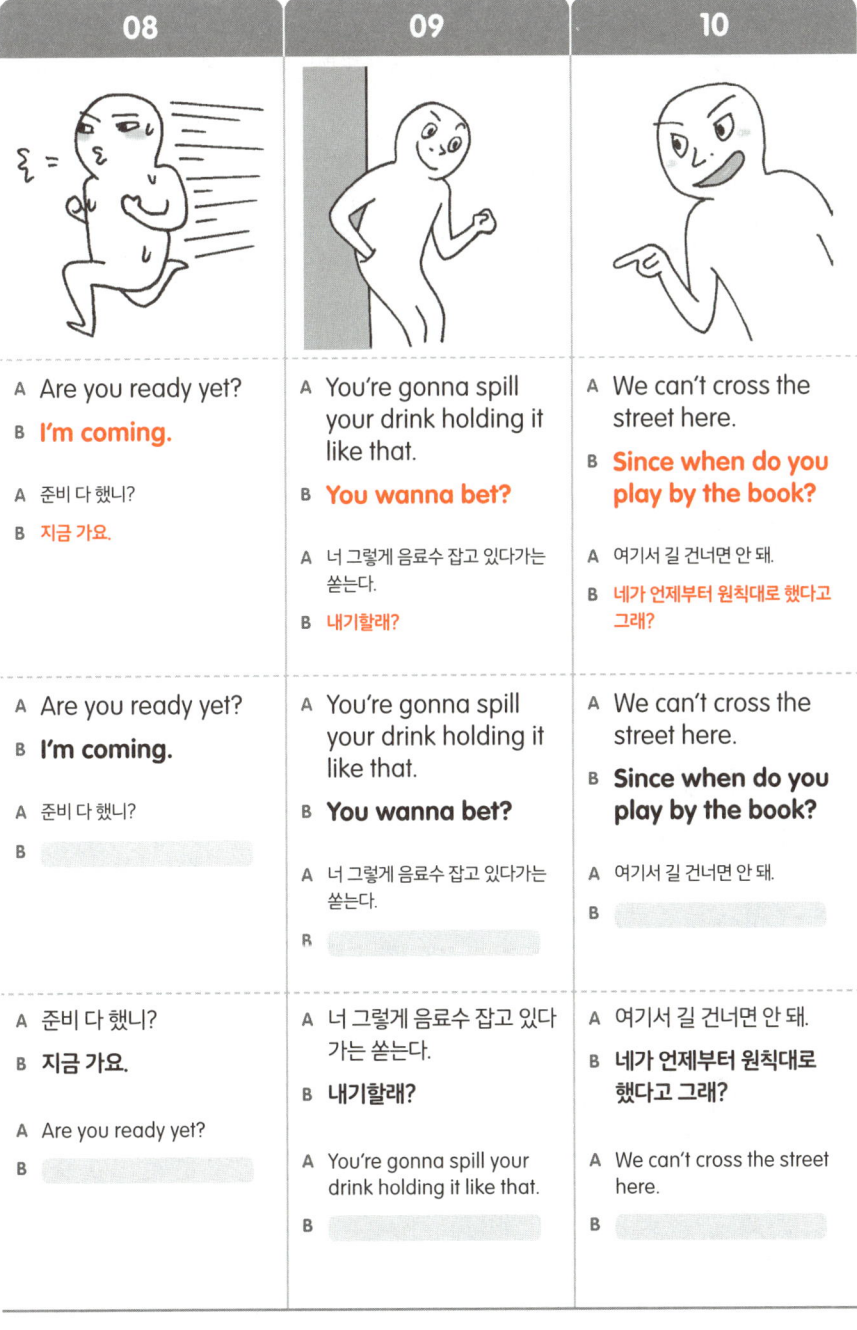

08

A Are you ready yet?
B **I'm coming.**

A 준비 다 했니?
B 지금 가요.

A Are you ready yet?
B **I'm coming.**

A 준비 다 했니?
B

A 준비 다 했니?
B **지금 가요.**

A Are you ready yet?
B

09

A You're gonna spill your drink holding it like that.
B **You wanna bet?**

A 너 그렇게 음료수 잡고 있다가는 쏟는다.
B 내기할래?

A You're gonna spill your drink holding it like that.
B **You wanna bet?**

A 너 그렇게 음료수 잡고 있다가는 쏟는다.
B

A 너 그렇게 음료수 잡고 있다가는 쏟는다.
B **내기할래?**

A You're gonna spill your drink holding it like that.
B

10

A We can't cross the street here.
B **Since when do you play by the book?**

A 여기서 길 건너면 안 돼.
B 네가 언제부터 원칙대로 했다고 그래?

A We can't cross the street here.
B **Since when do you play by the book?**

A 여기서 길 건너면 안 돼.
B

A 여기서 길 건너면 안 돼.
B **네가 언제부터 원칙대로 했다고 그래?**

A We can't cross the street here.
B

배트맨 기초훈련

	426	427
1단계 • 일단 듣기 • 그림을 보며 네이티브의 음성을 들어보세요.		
2단계 • 표현 보기 • 표현을 보며 네이티브를 따라 읽어보세요.	**Anybody home?** [애니바리 홈?] **집에 누구 있어요?**	**I'm depressed.** [아임 디프뤼스트] **기분이 우울해.**
3단계 • 의미 확인 • 영어를 큰 소리로 읽고 우리말로 말해보세요.	Anybody home?	I'm depressed.
4단계 • 배트맨 영어 • 우리말을 큰 소리로 읽고 영어로 말해보세요.	집에 누구 있어요?	기분이 우울해.

벌으면 영어가 되는 훈련, 지금 시작해 볼까요?

🎧 Training 086.mp3

🎧 mp3는 ▶ ▶ 빠르게 3가지 속도가 변속으로 반복됩니다.

428	429	430
Be my guest.*	**Don't mess with me.**	**I'm just choosey.**
[비마이 게스트]	[돈 메스 위드미]	[아임 저스트 츄지]
그러세요.	나 건들지 마.	내가 좀 까다로워.
Be my guest.	Don't mess with me.	I'm just choosey.
그러세요.	나 건들지 마.	내가 좀 까다로워.

*Bonus 표현 설명은 p.365에서 확인하세요.

배트맨 기초훈련 87일

	431	432
1단계 **일단 듣기** 그림을 보며 네이티브의 음성을 들어보세요.		
2단계 **표현 보기** 표현을 보며 네이티브를 따라 읽어보세요.	**Get the picture?*** [겟더픽쳘?] 이제 뭔가 그림이 보이세요?	**Good enough.** [굿이너프] 그 정도면 충분합니다. 충분하고말고.
3단계 **의미 확인** 영어를 큰 소리로 읽고 우리말로 말해보세요.	Get the picture?	Good enough.
4단계 **배트맨 영어** 우리말을 큰 소리로 읽고 영어로 말해보세요.	이제 뭔가 그림이 보이세요?	그 정도면 충분합니다. 충분하고말고.

●Bonus 표현 설명은 p.365에서 확인하세요.

뱉으면 영어가 되는 훈련, 지금 시작해 볼까요?

 mp3는 느리게 ▶ 보통 ▶ 빠르게 3가지 속도가 변속으로 반복됩니다.

 Training 087.mp3

훈련영상 보기

433

Be punctual! *
[비 펑츄얼!]
시간 지켜!

Be punctual!

시간 지켜!

434

Better late than never.
[베럴래잇 댄네벌]
늦는 게 안 하는 것보다 낫지요.

Better late than never.

늦는 게 안 하는 것보다 낫지요.

435

I feel like a fish out of water.
[아퓔라익커 퓌시 아우로브 워럴]
나 뻘쭘해.

I feel like a fish out of water.

나 뻘쭘해.

*Bonus 표현 설명은 p.365에서 확인하세요.

배트맨 기초훈련

	436	437
1단계 **일단 듣기** 그림을 보며 네이티브의 음성을 들어보세요.		
2단계 **표현 보기** 표현을 보며 네이티브를 따라 읽어보세요.	**Here's something for you.** [히얼즈 썸띵 폴유] **여기 드릴 게 있어요.**	**Be my guest.** [비마이 게스트] **그러세요.**
3단계 **의미 확인** 영어를 큰 소리로 읽고 우리말로 말해보세요.	Here's something for you.	Be my guest.
4단계 **배트맨 영어** 우리말을 큰 소리로 읽고 영어로 말해보세요.	여기 드릴 게 있어요.	그러세요.

뱉으면 영어가 되는 훈련, 지금 시작해 볼까요?

mp3는 느리게 ▶ 보통 ▶ 빠르게 3가지 속도가 변속으로 반복됩니다.

438

I don't know what to say.

[아돈노우 왓투쎄이]

뭐라 말을 해야 할지 모르겠어요.

I don't know what to say.

뭐라 말을 해야 할지 모르겠어요.

439

I envy you.*

[아이 엔비유]

네가 부러워.

I envy you.

네가 부러워.

440

I couldn't be happier.

[아이쿠든비 해-피열]

겁나 행복해.

I couldn't be happier.

겁나 행복해.

●Bonus 표현 설명은 p.366에서 확인하세요.

배트맨 기초훈련

	441	442
1단계 •일단 듣기• 그림을 보며 네이티브의 음성을 들어보세요.		
2단계 •표현 보기• 표현을 보며 네이티브를 따라 읽어보세요.	**I'm back.** [아임배-액] 나 돌아왔어.	**I'm dog-tired.** [아임독 타이얼드] 완전 피곤해. (개피곤)
3단계 •의미 확인• 영어를 큰 소리로 읽고 우리말로 말해보세요.	I'm back.	I'm dog-tired.
4단계 •배트맨 영어• 우리말을 큰 소리로 읽고 영어로 말해보세요.	나 돌아왔어.	완전 피곤해. (개피곤)

뱉으면 영어가 되는 훈련, 지금 시작해 볼까요?

🎧 mp3는 느리게 ▶ 보통 ▶ 빠르게 3가지 속도가 변속으로 반복됩니다.

🎧 Training 089.mp3

443

My tonsils are swollen.

[마이 톤실즈알 스왈런]

편도선이 부었어.

444

I ache all over.

[아이애이크 얼 오벌]

나 몸살 났어.

445

Stop whining.

[스탑 와이닝]

그만 좀 징징대.

My tonsils are swollen.

I ache all over.

Stop whining.

편도선이 부었어.

나 몸살 났어.

그만 좀 징징대.

배트면 기초훈련

	446	447
 ·1단계· **·일단 듣기·** 그림을 보며 네이티브의 음성을 들어보세요.		
 ·2단계· **·표현 보기·** 표현을 보며 네이티브를 따라 읽어보세요.	**Are you mad at me?** [알유 매댓미?] 나한테 삐쳤니?	**Don't talk to me.** [돈 톡-투미] 나한테 말 걸지 마.
 ·3단계· **·의미 확인·** 영어를 큰 소리로 읽고 우리말로 말해보세요.	Are you mad at me?	Don't talk to me.
 ·4단계· **·배트면 영어·** 우리말을 큰 소리로 읽고 영어로 말해보세요.	나한테 삐쳤니?	나한테 말 걸지 마.

뱉으면 영어가 되는 훈련, 지금 시작해 볼까요?
🎧 mp3는 느리게 ▶ 보통 ▶ 빠르게 3가지 속도가 변속으로 반복됩니다.

훈련영상 보기

448	449	450
I can't take it anymore.	I'm so heartbroken.	I want to clear up the misunderstanding.
[아이캔ㅌ 태이킷 애니모얼]	[아임쏘 헐-브로큰]	[아이원투 클리열업 더 미스언덜스탠딩]
나 더 이상은 못 참아.	가슴이 찢어지는 것 같아.	오해를 풀고 싶어.
I can't take it anymore.	I'm so heartbroken.	I want to clear up the misunderstanding.
나 더 이상은 못 참아.	가슴이 찢어지는 것 같아	오해를 풀고 싶어

중간점검 18

	01	02
1단계 **· 대화 듣기 ·** 그림을 보며 네이티브의 음성을 들어보세요.		
 **2단계** **· 대화 보기 ·** 표현을 보며 네이티브를 따라 읽어보세요.	A **Don't mess with me.** B I won't. A 나 건들지 마. B 안 해.	A I know nobody here. B Same here. **I feel like a fish out of water.** A 여기 아는 사람이 아무도 없어요. B 저도 그래요. **상당히 뻘쭘한데요.**
3단계 **· 의미 확인 ·** 영어를 큰 소리로 읽고 우리말로 말해보세요.	A **Don't mess with me.** B I won't. A B 안 해.	A I know nobody here. B Same here. **I feel like a fish out of water.** A 여기 아는 사람이 아무도 없어요. B 저도 그래요.
4단계 **· 대화하기 ·** 우리말을 큰 소리로 읽고 영어로 말해보세요.	A 나 건들지 마. B 안 해. A B I won't.	A 여기 아는 사람이 아무도 없어요. B 저도 그래요. **상당히 뻘쭘한데요.** A I know nobody here. B Same here.

지금까지 배운 표현 자신 있게 말할 수 있나요?
실전 대화에서 확인해 보세요.

 Dialogue 18.mp3

03

A Why are you still in bed?
B **I ache all over.**

A 왜 아직 누워 있어?
B **나 몸살 났어.**

A Why are you still in bed?
B **I ache all over.**

A 왜 아직 누워 있어?
B

A 왜 아직 누워 있어?
B **나 몸살 났어.**

A Why are you still in bed?
B

04

A **Don't talk to me.**
B I didn't say anything.

A **나한테 말 걸지 마.**
B 나 아무 말 안 했어.

A **Don't talk to me.**
B I didn't say anything.

A
B 나 아무 말 안 했어.

A **나한테 말 걸지 마.**
B 나 아무 말 안 했어.

A
B I didn't say anything.

05

A Can I use your phone?
B **Be my guest.**

A 전화 좀 써도 될까요?
B 그렇게 하세요.

A Can I use your phone?
B **Be my guest.**

A 전화 좀 써도 될까요?
B

A 전화 좀 써도 될까요?
B **그렇게 하세요.**

A Can I use your phone?
B

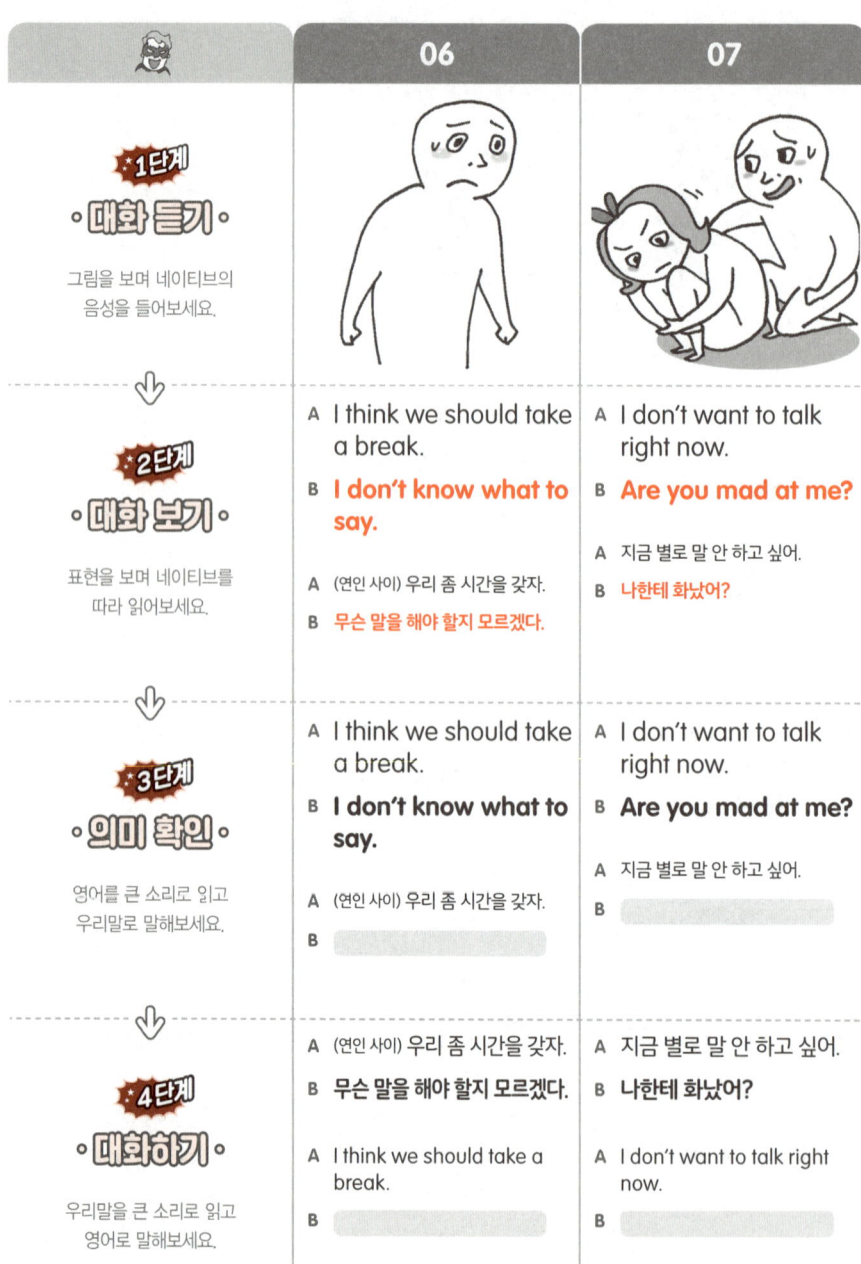

기초훈련 86~90일

08	09	10

A Why don't you take the apartment?
B **I'm just choosey.**

A 그냥 그 아파트 하지 그래?
B **내가 좀 까다로워.**

A **I'm dog-tired.**
B I know. That's a long flight.

A **완전 피곤해.**
B 그러니까. 정말 긴 비행이었어.

A Did I give you enough information?
B **Good enough.**

A 내가 충분한 정보를 준 건가?
B **충분하고말고.**

A Why don't you take the apartment?
B **I'm just choosey.**

A 그냥 그 아파트 하지 그래?
B ⬜

A **I'm dog-tired.**
B I know. That's a long flight.

A ⬜
B 그러니까. 정말 긴 비행이었어.

A Did I give you enough information?
B **Good enough.**

A 내가 충분한 정보를 준 건가?
B ⬜

A 그냥 그 아파트 하지 그래?
B **내가 좀 까다로워.**

A Why don't you take the apartment?
B ⬜

A **완전 피곤해.**
B 그러니까. 정말 긴 비행이었어.

A ⬜
B I know. That's a long flight.

A 내가 충분한 정보를 준 건가?
B **충분하고말고.**

A Did I give you enough information?
B ⬜

배트맨 기초훈련

	451	452
1단계 **일단 듣기** 그림을 보며 네이티브의 음성을 들어보세요.		
2단계 **표현 보기** 표현을 보며 네이티브를 따라 읽어보세요.	She is the jealous type. [쉬이즈더 줼러스타입] 걔는 굉장히 질투가 심해.	Don't make excuses. [돈매잌 잌스큐지즈] 변명하지 마.
3단계 **의미 확인** 영어를 큰 소리로 읽고 우리말로 말해보세요.	She is the jealous type.	Don't make excuses.
4단계 **배트맨 영어** 우리말을 큰 소리로 읽고 영어로 말해보세요.	걔는 굉장히 질투가 심해.	변명하지 마.

뱉으면 영어가 되는 훈련, 지금 시작해 볼까요?

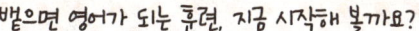 mp3는 ▶ ▶ 빠르게 3가지 속도가 변속으로 반복됩니다.

 Training 091.mp3

453	454	455
You bet.	**I don't like the color.**	**That's just ridiculous!**
[유벳]	[아이돈라익 더컬러]	[댓츠 저스트 뤼디큘러스]
당근이지.	색깔이 마음에 안 들어.	김밥 옆구리 터지는 소리 하고 있네!
You bet.	I don't like the color.	That's just ridiculous!
당근이지.	색깔이 마음에 안 들어.	김밥 옆구리 터지는 소리 하고 있네!

배트맨 기초훈련

	456	457
 1단계 •일단 듣기• 그림을 보며 네이티브의 음성을 들어보세요.		
 2단계 •표현 보기• 표현을 보며 네이티브를 따라 읽어보세요.	What time do you call it a day? [왓타임 두유 콜릿어데이?] **몇 시에 퇴근해요?**	I feel like the fifth wheel. [아-필 라익어 핍쓰 휘일] **나 잉여인간 같아.**
 3단계 •의미 확인• 영어를 큰 소리로 읽고 우리말로 말해보세요.	What time do you call it a day?	I feel like the fifth wheel.
  4단계 •배트맨 영어• 우리말을 큰 소리로 읽고 영어로 말해보세요.	몇 시에 퇴근해요?	나 잉여인간 같아.

뱉으면 영어가 되는 훈련, 지금 시작해 볼까요?

🎧 mp3는 느리게 ▶ 보통 ▶ 빠르게 3가지 속도가 변속으로 반복됩니다.

🎧 Training 092.mp3

458	459	460

Don't overdo it!＊

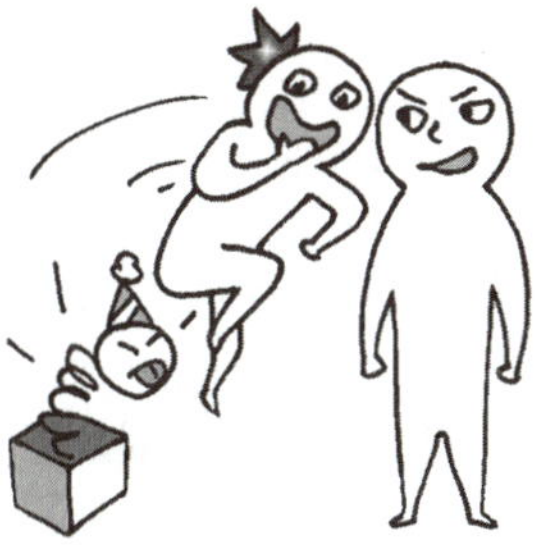

[돈 오벌두잇!]

엄살 좀 피우지 마.

My legs are sore.

[마이 레즈알 소열]

다리가 쑤시네.

It slipped my mind.

[잇 슬립트 마이 마인드]

깜빡하고 잊었어요.

Don't overdo it!

My legs are sore.

It slipped my mind.

엄살 좀 피우지 마.

다리가 쑤시네.

깜빡하고 잊었어요.

＊Bonus 표현 설명은 p.366에서 확인하세요.

배트맨 기초훈련

	461	462
1단계 **일단 듣기** 그림을 보며 네이티브의 음성을 들어보세요.		
2단계 **표현 보기** 표현을 보며 네이티브를 따라 읽어보세요.	**There's nothing to be sorry about.** [데얼즈 낫띵투비 써뤼 어바웃] 미안해 할 것까지는 없어.	**Put yourself in my shoes.** [풋 유얼셀프 인 마이 슈-즈] 너도 내 입장이 되어봐.
3단계 **의미 확인** 영어를 큰 소리로 읽고 우리말로 말해보세요.	There's nothing to be sorry about.	Put yourself in my shoes.
4단계 **배트먼 영어** 우리말을 큰 소리로 읽고 영어로 말해보세요.	미안해 할 것까지는 없어.	너도 내 입장이 되어봐.

뱉으면 영어가 되는 훈련, 지금 시작해 볼까요?

mp3는 ▶ ▶ 3가지 속도가 번갈아 반복됩니다.

훈련영상 보기

463	464	465
What are friends for?	**I feel so sad.**	**I'm on your side.**
[와럅 프렌즈 포얼?]	[아필 쏘 쌔드]	[아임 온 유얼 사이드]
친구 좋다는 게 뭐야?	너무 슬퍼.	난 네 편이야.
What are friends for?	I feel so sad.	I'm on your side.
친구 좋다는 게 뭐야?	너무 슬퍼.	난 네 편이야.

배트면 기초훈련 94일

	466	467
1단계 •일단 듣기• 그림을 보며 네이티브의 음성을 들어보세요.		
2단계 •표현 보기• 표현을 보며 네이티브를 따라 읽어보세요.	Okay, you are the boss! [오케이, 유알어 보쓰!] 그래, 네가 짱먹어라! 그래, 네 맘대로 해라!	He will never starve anywhere. [히윌네벌 스탈브 애니웨열] 쟤는 어디 가도 굶어 죽진 않겠다.
3단계 •의미 확인• 영어를 큰 소리로 읽고 우리말로 말해보세요.	Okay, you are the boss!	He will never starve anywhere.
4단계 •배트면 영어• 우리말을 큰 소리로 읽고 영어로 말해보세요.	그래, 네가 짱먹어라! 그래, 네 맘대로 해라!	쟤는 어디 가도 굶어 죽진 않겠다.

뱉으면 영어가 되는 훈련, 지금 시작해 볼까요?

🎧 Training 094.mp3

🎧 mp3는 [느리게] ▶ [보통] ▶ [빠르게] 3가지 속도가 변속으로 반복됩니다.

468	469	470

There's no such thing as a free lunch!
[데얼즈 노 서취띵 애즈어 프리 런취!]
세상에 공짜가 어딨어?

Here you are.
[히얼유알]
여기에 있어요.

I'm walking on air.
[아임 워킹 온 애얼]
구름 위를 걷는 기분이에요.

There's no such thing as a free lunch!

Here you are.

I'm walking on air.

세상에 공짜가 어딨어?

여기에 있어요.

구름 위를 걷는 기분이에요.

배트맨 기초훈련

	471	472
1단계 • 일단 듣기 • 그림을 보며 네이티브의 음성을 들어보세요.		
2단계 • 표현 보기 • 표현을 보며 네이티브를 따라 읽어보세요.	**I feel gassy.** [아 필 개씨] 속이 더부룩해.	**I'm constipated.** [아잉 컨스티페이리드] 나 변비야.
3단계 • 의미 확인 • 영어를 큰 소리로 읽고 우리말로 말해보세요.	I feel gassy.	I'm constipated.
4단계 • 배트면 영어 • 우리말을 큰 소리로 읽고 영어로 말해보세요.	속이 더부룩해.	나 변비야.

뱉으면 영어가 되는 훈련, 지금 시작해 볼까요?

🎧 mp3는 ▶ ▶ 3가지 속도가 변속으로 반복됩니다.

473	474	475
I'm satisfied with the result.	**Don't jump to conclusions.**	**You've gotta help me out.**
[아임 새리스파이드 윋어 뤼절트]	[돈 쩜투 컨클루젼즈]	[유브가라 헬미아웃]
결과에 만족스러워요.	넘겨짚지 마.	나를 꼭 좀 도와줘.
I'm satisfied with the result.	Don't jump to conclusions.	You've gotta help me out.
결과에 만족스러워요.	넘겨짚지 마.	나를 꼭 좀 도와줘.

중간점검 19

01

1단계
· 대화 듣기 ·

그림을 보며 네이티브의 음성을 들어보세요.

2단계
· 대화 보기 ·

표현을 보며 네이티브를 따라 읽어보세요.

A Where is my bag?
B **Here you are.**

A 내 가방이 어디 있지?
B **자, 여기.**

3단계
· 의미 확인 ·

영어를 큰 소리로 읽고 우리말로 말해보세요.

A Where is my bag?
B **Here you are.**

A 내 가방이 어디 있지?
B

4단계
· 대화하기 ·

우리말을 큰 소리로 읽고 영어로 말해보세요.

A 내 가방이 어디 있지?
B 자, 여기.

A Where is my bag?
B

02

A Did you bring your camcorder?
B **It slipped my mind.**

A 너 캠코더 가져왔어?
B **깜박했다.**

A Did you bring your camcorder?
B **It slipped my mind.**

A 너 캠코더 가져왔어?
B

A 너 캠코더 가져왔어?
B 깜박했다.

A Did you bring your camcorder?
B

지금까지 배운 표현 자신 있게 말할 수 있나요?
실전 대화에서 확인해 보세요.

03	04	05

03
- A **What time do you call it a day?**
- B Around 7 o'clock.

- A 몇 시에 퇴근해요?
- B 7시 정도요.

04
- A **Don't make excuses.**
- B I'm not. It's true.

- A 변명하지 마.
- B 변명 아니야. 사실이야.

05
- A That's a lot of vegetable for one meal.
- B **I'm constipated.**

- A 한 끼 식사에 야채가 어마어마 한 걸.
- B 나 변비라서.

03
- A **What time do you call it a day?**
- B Around 7 o'clock.

- A
- B 7시 정도요.

04
- A **Don't make excuses.**
- B I'm not. It's true.

- A
- B 변명 아니야. 사실이야.

05
- A That's a lot of vegetable for one meal.
- B **I'm constipated.**

- A 한 끼 식사에 야채가 어마어마 한 걸.
- B

03
- A 몇 시에 퇴근해요?
- B 7시 정도요.

- A
- B Around 7 o'clock.

04
- A 변명하지 마.
- B 변명 아니야. 사실이야.

- A
- B I'm not. It's true.

05
- A 한 끼 식사에 야채가 어마어마 한 걸.
- B 나 변비라서.

- A That's a lot of vegetable for one meal.
- B

중간점검 19

06

1단계 대화 듣기

2단계 대화 보기
- A I'm gonna get fired, I know it.
- B **Don't jump to conclusions.**
- A 나 짤릴 거야, 분명해.
- B **넘겨 짚지 마.**

3단계 의미 확인
- A I'm gonna get fired, I know it.
- B **Don't jump to conclusions.**
- A 나 짤릴 거야, 분명해.
- B

4단계 대화하기
- A 나 짤릴 거야, 분명해.
- B **넘겨 짚지 마.**
- A I'm gonna get fired, I know it.
- B

07

- A I've had three coffees already today.
- B **Don't overdo it!**
- A 오늘 벌써 커피 세 잔 마셨어.
- B **무리하지 마!**

- A I've had three coffees already today.
- B **Don't overdo it!**
- A 오늘 벌써 커피 세 잔 마셨어.
- B

- A 오늘 벌써 커피 세 잔 마셨어.
- B **무리하지 마!**
- A I've had three coffees already today.
- B

기초훈련 91~95일

08	09	10

08
A Are you coming shopping with us?
B **You bet.**

A 우리랑 쇼핑하러 갈래?
B **당연하지.**

09
A Four hundred dollars for a hat?
B **That's just ridiculous!**

A 모자 하나에 400달러라고?
B **말도 안 돼!**

10
A How can you say that about him?
B **Put yourself in my shoes.**

A 걔에 대해서 어떻게 그렇게 말할 수 있어?
B **너도 내 입장 돼봐.**

A Are you coming shopping with us?
B **You bet.**

A 우리랑 쇼핑하러 갈래?
B

A Four hundred dollars for a hat?
B **That's just ridiculous!**

A 모자 하나에 400달러라고?
B

A How can you say that about him?
B **Put yourself in my shoes.**

A 걔에 대해서 어떻게 그렇게 말할 수 있어?
B

A 우리랑 쇼핑하러 갈래?
B **당연하지.**

A Are you coming shopping with us?
B

A 모자 하나에 400달러라고?
B **말도 안 돼!**

A Four hundred dollars for a hat?
B

A 걔에 대해서 어떻게 그렇게 말할 수 있어?
B **너도 내 입장 돼봐.**

A How can you say that about him?
B

배트맨 기초훈련

	476	477
1단계 • 일단 듣기 • 그림을 보며 네이티브의 음성을 들어보세요.		
2단계 • 표현 보기 • 표현을 보며 네이티브를 따라 읽어보세요.	**I slept like a rock today.** [아이슬렙 라이커락 투데이] 오늘 정말 잘 잤어요.	**I froze in my dreams.** [아이프로즈 인마이 드림즈] 가위 눌렸어.
3단계 • 의미 확인 • 영어를 큰 소리로 읽고 우리말로 말해보세요.	I slept like a rock today.	I froze in my dreams.
4단계 • 배트맨 영어 • 우리말을 큰 소리로 읽고 영어로 말해보세요.	오늘 정말 잘 잤어요.	가위 눌렸어.

뱉으면 영어가 되는 훈련, 지금 시작해 볼까요?

mp3는 느리게 ▶ 보통 ▶ 빠르게 3가지 속도가 변속으로 반복됩니다.

478	479	480
I am a really light sleeper.	**See, what did I tell you?**	**I've got your back.**
[아이앰어 뤼얼리 라잇 슬리펄]	[씨, 왓디다이 텔유?]	[아이브갓 유얼배액]
난 자다가 잘 깨.	거봐, 내가 뭐라고 그랬어?	(걱정 마) 내가 있잖아.
I am a really light sleeper.	See, what did I tell you?	I've got your back.
난 자다가 잘 깨.	거봐, 내가 뭐라고 그랬어?	(걱정 마) 내가 있잖아.

배트맨 기초훈련

	481	482
1단계 **일단 듣기** 그림을 보며 네이티브의 음성을 들어보세요.		
2단계 **표현 보기** 표현을 보며 네이티브를 따라 읽어보세요.	That guy is a real odd ball. [댓가이 이즈어 뤼얼 아-드볼] 그 사람은 너무 튀어. 진짜 괴짜야.	Don't judge a book by its cover. [돈 저쥐어북 바이 잇츠커벌] 사람을 외모만 보고 판단하지 마.
3단계 **의미 확인** 영어를 큰 소리로 읽고 우리말로 말해보세요.	That guy is a real odd ball.	Don't judge a book by its cover.
4단계 **배트맨 영어** 우리말을 큰 소리로 읽고 영어로 말해보세요.	그 사람은 너무 튀어. 진짜 괴짜야.	사람을 외모만 보고 판단하지 마.

뱉으면 영어가 되는 훈련, 지금 시작해 볼까요?

mp3는 느리게 ▶ 보통 ▶ 빠르게 3가지 속도가 변속으로 반복됩니다.

483

He really knows his job.

[히 뤼얼리노즈 히즈좌업]

그 사람은 일을 정말 잘해.

He really knows his job.

그 사람은 일을 정말 잘해.

484

Actually I was sort of jealous.

[액슈얼리 아워즈 솔러브 쮈러스]

사실 좀 질투가 났어.

Actually I was sort of jealous.

사실 좀 질투가 났어.

485

Live up to your name.

[리법투 유얼네-임]

이름 값 좀 해라.

Live up to your name.

이름 값 좀 해라.

배트면 기초훈련 98일

	486	487
1단계  일단 듣기 그림을 보며 네이티브의 음성을 들어보세요.		
2단계 표현 보기 표현을 보며 네이티브를 따라 읽어보세요.	I just want to go somewhere far away. [아이 저스트 워너 고 썸웨열 파러웨이] 어디론가 멀리 훌쩍 떠나고 싶다.	Where is the taxi stand? [웨열 이즈 어 택시 스탠드?] 택시 타는 곳이 어딘가요?
3단계 의미 확인 영어를 큰 소리로 읽고 우리말로 말해보세요.	I just want to go somewhere far away.	Where is the taxi stand?
4단계 배트면 영어 우리말을 큰 소리로 읽고 영어로 말해보세요.	어디론가 멀리 훌쩍 떠나고 싶다.	택시 타는 곳이 어딘가요?

뱉으면 영어가 되는 훈련, 지금 시작해 볼까요?

 mp3는 느리게 ▶ 보통 ▶ 빠르게 3가지 속도가 변속으로 반복됩니다.

 Training 098.mp3

훈련영상 보기

488

Take me to this address.

[테익미투디스 애-드리스]

이 주소로 가주세요.

Take me to this address.

이 주소로 가주세요.

489

How long does it take?

[하우롱 더짓테익?]

얼마나 걸릴까요?

How long does it take?

얼마나 걸릴까요?

490

Please drop me off at the crossroads.

[플리즈 드랍미어프 앳더 크로스로즈]

사거리에서 내려주세요.

Please drop me off at the crossroads.

사거리에서 내려주세요.

배트먼 기초훈련

	491	492
1단계 **· 일단 듣기 ·** 그림을 보며 네이티브의 음성을 들어보세요.		
2단계 **· 표현 보기 ·** 표현을 보며 네이티브를 따라 읽어보세요.	I'm on my way. I'll be there soon. [아임 온마이웨이. 아울비데얼 쑤운] **지금 가는 중이야. 곧 도착해.**	Let me off in front of that building. [렛미어프 인프런너브 댓빌딩] **저 빌딩 앞에서 내릴게요.**
3단계 **· 의미 확인 ·** 영어를 큰 소리로 읽고 우리말로 말해보세요.	I'm on my way. I'll be there soon.	Let me off in front of that building.
4단계 **· 배트먼 영어 ·** 우리말을 큰 소리로 읽고 영어로 말해보세요.	지금 가는 중이야. 곧 도착해.	저 빌딩 앞에서 내릴게요.

벌으면 영어가 되는 훈련, 지금 시작해 볼까요?

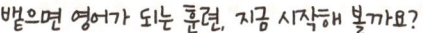 Training 099.mp3

mp3는 ▶ ▶ 3가지 속도가 변속으로 반복됩니다.

493	494	495
How much is the fare? [하우머취 이즈더페얼?] 요금이 얼마예요?	**Do you take Visa?** [두유태익 비쟈?] 비자카드로 결제돼요?	**Keep the change.** [킵더 최-인쥐] 잔돈은 됐습니다.
How much is the fare?	Do you take Visa?	Keep the change.
요금이 얼마예요?	비자카드로 결제돼요?	잔돈은 됐습니다.

배트맨 기초훈련 100일

	496	497
1단계 • 일단 듣기 • 그림을 보며 네이티브의 음성을 들어보세요.		
2단계 • 표현 보기 • 표현을 보며 네이티브를 따라 읽어보세요.	**You look like you're about to drop.** [유룩라익 유얼어바웃투 드롭] 너 얼굴 반쪽이 됐어.	**I am going to miss you.** [아잉고인드 미쓰 유] 네가 그리울 거야.
3단계 • 의미 확인 • 영어를 큰 소리로 읽고 우리말로 말해보세요.	You look like you're about to drop.	I am going to miss you.
4단계 • 배트맨 영어 • 우리말을 큰 소리로 읽고 영어로 말해보세요.	너 얼굴 반쪽이 됐어.	네가 그리울 거야.

뱉으면 영어가 되는 훈련, 지금 시작해 볼까요?

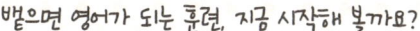 mp3는 ▶ ▶ 빠르게 3가지 속도가 변속으로 반복됩니다.

498	499	500
That will be the day.*	**My tooth hurts.**	**You've got something between your teeth.**
[댓 윌비더데이]	[마이 투-쓰 헐쯔]	[유브갓섬띵 비트윈플티-쓰]
그렇게 되면 오죽 좋겠어요.	이가 아파.	너 이 사이에 뭐 끼었어.
That will be the day.	My tooth hurts.	You've got something between your teeth.
그렇게 되면 오죽 좋겠어요	이가 아파.	너 이 사이에 뭐 끼었어.

★Bonus 표현 설명은 p.366에서 확인하세요.

중간점검 20

기초훈련 96~100일

	01	02
1단계 **대화 듣기** 그림을 보며 네이티브의 음성을 들어보세요.		
2단계  **대화 보기** 표현을 보며 네이티브를 따라 읽어보세요.	A Where to? B **Take me to this address.** A 어디 가세요? B 이 주소로 가주세요.	A I can't believe how fast he works. B **He really knows his job.** A 그 사람 일하는 속도 보면 정말 믿기지 않는다니까. B 그 사람은 일을 참 잘해.
3단계  **의미 확인** 영어를 큰 소리로 읽고 우리말로 말해보세요.	A Where to? B **Take me to this address.** A 어디 가세요? B	A I can't believe how fast he works. B **He really knows his job.** A 그 사람 일하는 속도 보면 정말 믿기지 않는다니까. B
4단계  **대화하기** 우리말을 큰 소리로 읽고 영어로 말해보세요.	A 어디 가세요? B 이 주소로 가주세요. A Where to? B	A 그 사람 일하는 속도 보면 정말 믿기지 않는다니까. B 그 사람은 일을 참 잘해. A I can't believe how fast he works. B

지금까지 배운 표현 자신 있게 말할 수 있나요?
실전 대화에서 확인해 보세요.

03

A **Do you take Visa?**
B **Sorry. American Express only.**

A 비자 카드 되나요?
B 죄송해요. 아메리칸 익스프레스만 돼요.

A **Do you take Visa?**
B **Sorry. American Express only.**

A
B 죄송해요. 아메리칸 익스프레스만 돼요.

A 비자 카드 되나요?
B 죄송해요. 아메리칸 익스프레스만 돼요.

A
B Sorry. American Express only.

04

A Well, let's keep in touch.
B **I am going to miss you.**

A 연락하고 지내자.
B **네가 그리울 거야.**

A Well, let's keep in touch.
B **I am going to miss you.**

A 연락하고 지내자.
B

A 연락하고 지내자.
B **네가 그리울 거야.**

A Well, let's keep in touch.
B

05

A He never wears shoes.
B **That guy is a real odd ball.**

A 그 사람은 신발을 절대 안 신더라.
B **그 사람 정말 괴짜야.**

A He never wears shoes.
B **That guy is a real odd ball.**

A 그 사람은 신발을 절대 안 신더라.
B

A 그 사람은 신발을 절대 안 신더라.
B **그 사람 정말 괴짜야.**

A He never wears shoes.
B

중간점검 20

	06	07

1단계
대화 듣기

그림을 보며 네이티브의
음성을 들어보세요.

2단계
대화 보기

표현을 보며 네이티브를
따라 읽어보세요.

06	07
A Where do you want off? B **Please drop me off at the crossroads.** A 어디서 내리실래요? B **사거리에서 내려주세요.**	A I'm too nervous. B Don't worry. **I've got your back.** A 나 너무 떨려. B 걱정 마. **내가 있잖아.**

3단계
의미 확인

영어를 큰 소리로 읽고
우리말로 말해보세요.

06	07
A Where do you want off? B **Please drop me off at the crossroads.** A 어디서 내리실래요? B	A I'm too nervous. B Don't worry. **I've got your back.** A 나 너무 떨려. B 걱정 마.

4단계
대화하기

우리말을 큰 소리로 읽고
영어로 말해보세요.

06	07
A 어디서 내리실래요? B **사거리에서 내려주세요.** A Where do you want off? B	A 나 너무 떨려. B 걱정 마. **내가 있잖아.** A I'm too nervous. B Don't worry.

기초훈련 96~100일

08

A **Let me off in front of that building.**
B Which one? The white one?

A 저 빌딩 앞에서 내릴게요.
B 어느 거요? 저 흰 건물요?

A **Let me off in front of that building.**
B Which one? The white one?

A
B 어느 거요? 저 흰 건물요?

A 저 빌딩 앞에서 내릴게요.
B 어느 거요? 저 흰 건물요?

A
B Which one? The white one?

09

A You should take a long vacation.
B **That will be the day.**

A 장기 휴가를 내면 어때?
B 그러면 얼마나 좋겠어.

A You should take a long vacation.
B **That will be the day.**

A 장기 휴가를 내면 어때?
B

A 장기 휴가를 내면 어때?
B **그러면 얼마나 좋겠어.**

A You should take a long vacation.
B

10

A He looks so mean.
B **Don't judge a book by its cover.**

A 그 사람 참 못된 것 같아.
B 사람을 겉만 보고 판단하지 마.

A He looks so mean.
B **Don't judge a book by its cover.**

A 그 사람 참 못된 것 같아.
B

A 그 사람 참 못된 것 같아.
B **사람을 겉만 보고 판단하지 마.**

A He looks so mean.
B

배트면 기초훈련 101일

	501	502
1단계 **일단 듣기** 그림을 보며 네이티브의 음성을 들어보세요.		
2단계 **표현 보기** 표현을 보며 네이티브를 따라 읽어보세요.	**No news is good news.** [노 뉴즈이즈 굿느즈] **무소식이 희소식이야.**	**Could be.** [쿠-비] **그럴 수도 있겠지.**
3단계 **의미 확인** 영어를 큰 소리로 읽고 우리말로 말해보세요.	No news is good news.	Could be.
4단계 **배트면 영어** 우리말을 큰 소리로 읽고 영어로 말해보세요.	무소식이 희소식이야.	그럴 수도 있겠지.

뱉으면 영어가 되는 훈련, 지금 시작해 볼까요?

🎧 mp3는 느리게 ▶ 보통 ▶ 빠르게 3가지 속도가 변속으로 반복됩니다.

503

Are you really going to do it?

[알유 뤼얼리 고인투 두잇?]

너 그거 진짜 할 거야?

Are you really going to do it?

너 그거 진짜 할 거야?

504

Absolutely.

[앱-쏠룰리]

물론이지.

Absolutely.

물론이지.

505

Be patient.*

[비 패이션트]

좀 참으세요.

Be patient.

좀 참으세요.

*Bonus 표현 설명은 p.366에서 확인하세요.

배트면 기초훈련 102일

	506	507
1단계 **일단 듣기** 그림을 보며 네이티브의 음성을 들어보세요.		
2단계 **표현 보기** 표현을 보며 네이티브를 따라 읽어보세요.	**The morning sickness is getting bad.** [어모닝 씨크니스이즈 게링배-드] **입덧이 심해졌어요.**	**Enjoy your meal.** [인죠이 유얼미일] **맛있게 드세요.**
3단계 **의미 확인** 영어를 큰 소리로 읽고 우리말로 말해보세요.	The morning sickness is getting bad.	Enjoy your meal.
4단계 **배트면 영어** 우리말을 큰 소리로 읽고 영어로 말해보세요.	입덧이 심해졌어요.	맛있게 드세요.

뱉으면 영어가 되는 훈련, 지금 시작해 볼까요?

🎧 mp3는 느리게 ▶ 보통 ▶ 빠르게 3가지 속도가 변속으로 반복됩니다.

🎧 Training 102.mp3

508

I feel much better!

[아이 필 머취 베럴!]

이제 좀 살겠다!

509

We should come here again.

[위 슏 컴히얼어겐]

우리 여기 또 오자.

510

I'm sure your parents will be proud of you.

[암슈열 유열패어런츠 윌비 프라우드 어뷰]

부모님이 널 자랑스러워하실 거야.

I feel much better!

We should come here again.

I'm sure your parents will be proud of you.

이제 좀 살겠다!

우리 여기 또 오지.

부모님이 널 자랑스러워하실 거야.

배트면 기초훈련 103일

	511	512
1단계 **일단 듣기** 그림을 보며 네이티브의 음성을 들어보세요.		
2단계 **표현 보기** 표현을 보며 네이티브를 따라 읽어보세요.	He is so arrogant. [히이즈 쏘 애러건트] 걘 너무 건방져.	Behave yourself.* [비해입 유얼셀프] 행동 조심해. 처신 잘해.
3단계 **의미 확인** 영어를 큰 소리로 읽고 우리말로 말해보세요.	He is so arrogant.	Behave yourself.
4단계 **배트면 영어** 우리말을 큰 소리로 읽고 영어로 말해보세요.	걘 너무 건방져.	행동 조심해. 처신 잘해.

●Bonus 표현 설명은 p.366에서 확인하세요.

뱉으면 영어가 되는 훈련, 지금 시작해 볼까요?

 mp3는 느리게 ▶ 보통 ▶ 빠르게 3가지 속도가 변속으로 반복됩니다.

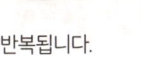 Training 103.mp3

훈련영상 보기

513

Two heads are better than one.

[투 헫즈알 베럴댄 원]

백지장도 맞들면 낫다.

Two heads are better than one.

백지장두 맞들면 낫다.

514

It depends.

[잇 디펜즈]

경우에 따라 달라.

It depends.

경우에 따라 달라.

515

Don't get too serious.

[돈 겟 투 씨어뤼어스]

너무 심각하게 그러지 말아요.

Don't get too serious.

너무 심각하게 그러지 말이요.

배트맨 기초훈련 104일

	516	517
1단계 **·일단 듣기·** 그림을 보며 네이티브의 음성을 들어보세요.		
2단계 **·표현 보기·** 표현을 보며 네이티브를 따라 읽어보세요.	**Are you in line?** [알 유 인 라인?] 줄 서신 거예요?	**After you.*** [애프털 유] 먼저 가시지요.
3단계 **·의미 확인·** 영어를 큰 소리로 읽고 우리말로 말해보세요.	Are you in line?	After you.
4단계 **·배트맨 영어·** 우리말을 큰 소리로 읽고 영어로 말해보세요.	줄 서신 거예요?	먼저 가시지요.

◆Bonus 표현 설명은 p.358에서 확인하세요.

뱉으면 영어가 되는 훈련, 지금 시작해 볼까요?

🎧 Training 104.mp3

훈련영상 보기

🎧 mp3는 느리게 ▶ 보통 ▶ 빠르게 3가지 속도가 변속으로 반복됩니다.

518

Catch you later.

[캐취유 래이럴]

나중에 보자고요.
(헤어질 때 인사)

519

Awesome!

[어썸!]

와우~ 멋지다.

520

Disgusting!

[디스거스팅!]

기분 나빠.
더러워.

Catch you later.

Awesome!

Disgusting!

나중에 보자고요.
(헤어질 때 인사)

와우~ 멋지다.

기분 나빠.
더러워.

배트맨 기초훈련 105일

	521	522
1단계 **· 일단 듣기 ·** 그림을 보며 네이티브의 음성을 들어보세요.		
2단계 **· 표현 보기 ·** 표현을 보며 네이티브를 따라 읽어보세요.	It was really good. [잇워즈 뤼얼리 굿] 정말 좋았어.	The movie bored me to death. [더무비 보얼미투데쓰] 영화가 지루해서 죽는 줄 알았네.
3단계 **· 의미 확인 ·** 영어를 큰 소리로 읽고 우리말로 말해보세요.	It was really good.	The movie bored me to death.
4단계 **· 배트맨 영어 ·** 우리말을 큰 소리로 읽고 영어로 말해보세요.	정말 좋았어.	영화가 지루해서 죽는 줄 알았네.

뱉으면 영어가 되는 훈련, 지금 시작해 볼까요?

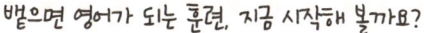 Training 105.mp3

훈련영상 보기

🎧 mp3는 느리게 ▶ 보통 ▶ 빠르게 3가지 속도가 변속으로 반복됩니다.

523	524	525
Hey, keep it down.	**Wish me luck.**	**Are you gonna get to it or not?**
[헤이, 키-핏다운]	[위쉬미 럭]	[알유거나 겟투잇 오열낫?]
거기, 좀 조용히 해.	행운을 빌어줘.	할 거야 말 거야?
Hey, keep it down.	Wish me luck.	Are you gonna get to it or not?
거기, 좀 조용히 해.	행운을 빌어줘.	힐 거아 밀 거아?

중간점검 21

기초훈련 101~105일

	01	02
**1단계** **대화 듣기** 그림을 보며 네이티브의 음성을 들어보세요.		
**2단계** **대화 보기** 표현을 보며 네이티브를 따라 읽어보세요.	A That was amazing! B We should come here again. A 정말 끝내줬어! B 우리 여기 또 오자.	A Do you really expect to get a raise? B Absolutely. A 너 진짜 급여 인상을 기대하고 있는 거야? B 물론이지.
3단계 **의미 확인** 영어를 큰 소리로 읽고 우리말로 말해보세요.	A That was amazing! B We should come here again. A 정말 끝내줬어! B	A Do you really expect to get a raise? B Absolutely. A 너 진짜 급여 인상을 기대하고 있는 거야? B
4단계 **대화하기** 우리말을 큰 소리로 읽고 영어로 말해보세요.	A 정말 끝내줬어! B 우리 여기 또 오자. A That was amazing! B	A 너 진짜 급여 인상을 기대하고 있는 거야? B 물론이지. A Do you really expect to get a raise? B

지금까지 배운 표현 자신 있게 말할 수 있나요?
실전 대화에서 확인해 보세요.

 Dialogue 21.mp3

03

A Do you think we can go home early today?
B **It depends.**

A 오늘 우리가 집에 일찍 갈 수 있을까?
B **경우에 따라 달라.**

A Do you think we can go home early today?
B **It depends.**

A 오늘 우리가 집에 일찍 갈 수 있을까?
B

A 오늘 우리가 집에 일찍 갈 수 있을까?
B **경우에 따라 달라.**

A Do you think we can go home early today?
B

04

A Well, I'm off.
B **Catch you later.**

A 나 이제 간다.
B **나중에 보자.**

A Well, I'm off.
B **Catch you later.**

A 나 이제 간다.
B

A 나 이제 간다.
B **나중에 보자.**

A Well, I'm off.
B

05

A I haven't heard anything from the boss yet.
B **No news is good news.**

A 부장님한테 아직 아무 소식도 못 들었어.
B **무소식이 희소식이야.**

A I haven't heard anything from the boss yet.
B **No news is good news.**

A 부장님한테 아직 아무 소식도 못 들었어.
B

A 부장님한테 아직 아무 소식도 못 들었어.
B **무소식이 희소식이야.**

A I haven't heard anything from the boss yet.
B

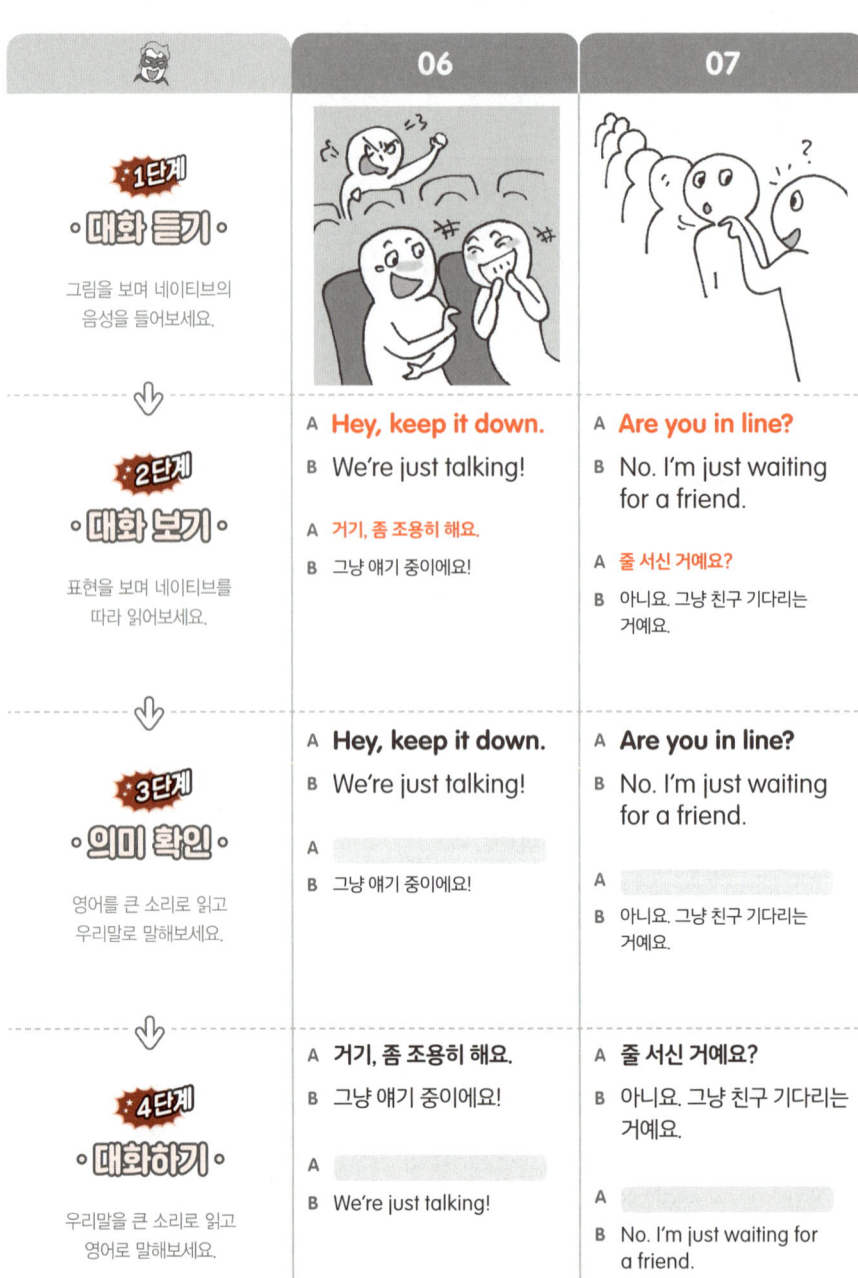

기초훈련 101~105일

08

A Do you think the project is canceled?
B **Could be.**

A 그 프로젝트가 취소될 거 같아?
B **그럴 수도 있지.**

A Do you think the project is canceled?
B **Could be.**

A 그 프로젝트가 취소될 거 같아?
B

A 그 프로젝트가 취소될 거 같아?
B **그럴 수도 있지.**

A Do you think the project is canceled?
B

09

A I'm off to the party now.
B **Behave yourself.**

A 저 이제 파티 가요.
B **처신 잘하고.**

A I'm off to the party now.
B **Behave yourself.**

A 저 이제 파티 가요.
B

A 저 이제 파티 가요.
B **처신 잘하고.**

A I'm off to the party now.
B

10

A This looks fantastic!
B **Enjoy your meal.**

A 정말 맛있어 보여요!
B **맛있게 드세요.**

A This looks fantastic!
B **Enjoy your meal.**

A 정말 맛있어 보여요!
B

A 정말 맛있어 보여요!
B **맛있게 드세요.**

A This looks fantastic!
B

배트맨 기초훈련 106일

	526	527
1단계 **일단 듣기** 그림을 보며 네이티브의 음성을 들어보세요.		
2단계 **표현 보기** 표현을 보며 네이티브를 따라 읽어보세요.	**I blacked out yesterday.** [아이블랙따웃 예스털데이] 어제 필름이 끊겼어.	**Stay away from him.** [스테이 어웨이프롬 힘] 그 사람 가까이 하지 마.
3단계 **의미 확인** 영어를 큰 소리로 읽고 우리말로 말해보세요.	I blacked out yesterday.	Stay away from him.
4단계  **배트맨 영어** 우리말을 큰 소리로 읽고 영어로 말해보세요.	어제 필름이 끊겼어.	그 사람 가까이 하지 마.

뱉으면 영어가 되는 훈련, 지금 시작해 볼까요?

🎧 mp3는 느리게 ▶ 보통 ▶ 빠르게 3가지 속도가 변속으로 반복됩니다.

🎧 Training 106.mp3

528	529	530
I don't have anything to say.	**Don't go back on your word.**	**For what?**
[아이돈핻 애니띵두 쎄이]	[돈고백 온유얼월드]	[풀왓?]
전 할 말 없어요.	한 입으로 두말하지 마.	왜? 무엇을 위해서요?
I don't have anything to say.	Don't go back on your word.	For what?
전 할 말 없어요.	한 입으로 두말하지 마.	왜? 무엇을 위해서요?

배트맨 기초훈련 107일

	531	532
1단계 **일단 듣기** 그림을 보며 네이티브의 음성을 들어보세요.		
2단계 **표현 보기** 표현을 보며 네이티브를 따라 읽어보세요.	**I guess you're right.** [아이게쓰 유열롸잇] 네 말이 맞는 거 같아.	**He can't diss me because he is the boss!** [히캐앤 디쓰미 비커즈 히이즈더보쓰!] 그 사람이 상사라고 나한테 막말하면 안 되잖아.
3단계 **의미 확인** 영어를 큰 소리로 읽고 우리말로 말해보세요.	I guess you're right.	He can't diss me because he is the boss!
4단계 **배트면 영어** 우리말을 큰 소리로 읽고 영어로 말해보세요.	네 말이 맞는 거 같아.	그 사람이 상사라고 나한테 막말하면 안 되잖아.

뱉으면 영어가 되는 훈련, 지금 시작해 볼까요?

🎧 mp3는 느리게 ▶ 보통 ▶ 빠르게 3가지 속도가 번속으로 반복됩니다.

🎧 Training 107.mp3

533	534	535
You're too much.	**What's happening here?**	**You could've at least called me.**
[유열 투우머취]	[왓츠 해쁜닝히얼?]	[유 쿠드뱃리이스트 콜드미]
넌 좀 심해.	여기 무슨 일인 거죠?	적어도 전화 정도는 줄 수 있었잖아.
You're too much.	What's happening here?	You could've at least called me.
넌 좀 심해.	여기 무슨 일인 거죠?	적어도 전화 정도는 줄 수 있었잖아.

317

배트맨 기초훈련 108일

	536	537
1단계 •일단 듣기• 그림을 보며 네이티브의 음성을 들어보세요.		
2단계 •표현 보기• 표현을 보며 네이티브를 따라 읽어보세요.	*Bonus **Call me ASAP.*** [콜미 애이에스애이피] 가능한 빨리 전화 줘.	**I bombed my final exam.** [아이밤드마이 파이널익잼] 기말 시험 망쳤어.
3단계 •의미 확인• 영어를 큰 소리로 읽고 우리말로 말해보세요.	Call me ASAP.	I bombed my final exam.
4단계 •배트맨 영어• 우리말을 큰 소리로 읽고 영어로 말해보세요.	가능한 빨리 전화 줘.	기말 시험 망쳤어.

*Bonus 표현 설명은 p.366에서 확인하세요.

벌으면 영어가 되는 훈련, 지금 시작해 볼까요?

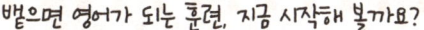 Training 108.mp3

🎧 mp3는 ▶ ▶ 빠르게 3가지 속도가 변속으로 반복됩니다.

538	539	540
You gotta try harder.	**I feel sorry for him.**	**No wonder.**
[유가라 트롸이 할덜]	[아퓔 쏘뤼폴힘]	[노 원덜]
넌 더 열심히 노력해야 된다구.	걔 참 안됐어.	어쩐지 그렇더라.
You gotta try harder.	I feel sorry for him.	No wonder.
넌 더 열심히 노력해야 된다구.	걔 참 안됐어.	어쩐지 그렇더라.

319

배트맨 기초훈련 109일

	541	542
1단계 **일단 듣기** 그림을 보며 네이티브의 음성을 들어보세요.		
2단계 **표현 보기** 표현을 보며 네이티브를 따라 읽어보세요.	**Can you touch up this photo?** [캔유 터취업 디스포로?] 사진 보정해주실 수 있어요?	**What kind of question is that?** [왓카인덥 퀘스천이즈댓?] 무슨 질문이 그래?
3단계 **의미 확인** 영어를 큰 소리로 읽고 우리말로 말해보세요.	Can you touch up this photo?	What kind of question is that?
4단계 **배트맨 영어** 우리말을 큰 소리로 읽고 영어로 말해보세요.	사진 보정해주실 수 있어요?	무슨 질문이 그래?

뱉으면 영어가 되는 훈련, 지금 시작해 볼까요?

mp3는 느리게 ▶ 보통 ▶ 빠르게 3가지 속도가 변속으로 반복됩니다.

🎧 Training 109.mp3

543	544	545
I am serious. [아임 씨어리어쓰] 난 진심이에요.	**Sorry, I have no excuse.** [쏘리, 아햅 노 익스큐즈] 죄송해요. 면목이 없어요.	**Don't be silly.*** [돈삐 씰리] 싱겁기는.
I am serious.	Sorry, I have no excuse.	Don't be silly.
난 진심이에요.	죄송해요. 면목이 없어요.	싱겁기는.

*Bonus 표현 설명은 p.367에서 확인하세요.

배트면 기초훈련 110일

	546	547
1단계 · 일단 듣기 · 그림을 보며 네이티브의 음성을 들어보세요.		
2단계 · 표현 보기 · 표현을 보며 네이티브를 따라 읽어보세요.	It's muggy. [잇쯔 머기] 날이 푹푹 찐다.	I will never make it on time. [아울네벌 매이킷온타임] 제시간에 도착하기는 틀렸군.
3단계 · 의미 확인 · 영어를 큰 소리로 읽고 우리말로 말해보세요.	It's muggy.	I will never make it on time.
4단계 · 배트면 영어 · 우리말을 큰 소리로 읽고 영어로 말해보세요.	날이 푹푹 찐다.	제시간에 도착하기는 틀렸군.

뱉으면 영어가 되는 훈련, 지금 시작해 볼까요?

🎧 mp3는 느리게 ▶ 보통 ▶ 빠르게 3가지 속도가 변속으로 반복됩니다.

🎧 Training 110.mp3

훈련영상 보기

548	549	550
	*Bonus	
Going down?	**Forget it.***	**You are not gonna regret this.**
[고잉 다운?]	[폴게릿]	[유알 낫고나 뤼그릿디쓰]
내려가세요?	됐으니까 신경 꺼.	넌 후회 않을 거야.
Going down?	Forget it.	You are not gonna regret this.
내려가세요?	됐으니까 신경 꺼.	넌 후회 않을 거야.

*Bonus 표현 설명은 p.367에서 확인하세요.

중간점검 22

기초훈련 106~110일

01

1단계 · 대화 듣기 ·
그림을 보며 네이티브의 음성을 들어보세요.

2단계 · 대화 보기 ·
표현을 보며 네이티브를 따라 읽어보세요.

A You're in big trouble.
B For what?

A 너 이제 큰일났다.
B 왜?

3단계 · 의미 확인 ·
영어를 큰 소리로 읽고 우리말로 말해보세요.

A You're in big trouble.
B For what?

A 너 이제 큰일났다.
B

4단계 · 대화하기 ·
우리말을 큰 소리로 읽고 영어로 말해보세요.

A 너 이제 큰일났다.
B 왜?
A You're in big trouble.
B

02

A I feel sorry for him.
B Don't. It will only make him lazier.

A 걔 참 안됐어.
B 그러지 마. 그런 건 걜 더 게으르게 만들 뿐이야.

A I feel sorry for him.
B Don't. It will only make him lazier.

A
B 그러지 마. 그런 건 걜 더 게으르게 만들 뿐이야.

A 걔 참 안됐어.
B 그러지 마. 그런 건 걜 더 게으르게 만들 뿐이야.
A
B Don't. It will only make him lazier.

지금까지 배운 표현 자신 있게 말할 수 있나요?
실전 대화에서 확인해 보세요.

03

A **What kind of question is that?**
B No offence. I'm just curious.

A 무슨 질문이 그래?
B 기분 나쁘게 듣지 마. 그냥 궁금해서.

A **What kind of question is that?**
B No offence. I'm just curious.

A
B 기분 나쁘게 듣지 마. 그냥 궁금해서.

A 무슨 질문이 그래?
B 기분 나쁘게 듣지 마. 그냥 궁금해서.

A
B No offence. I'm just curious.

04

A Aren't you going to respond?
B **I don't have anything to say.**

A 대답 안 할 거야?
B 할 말이 없어.

A Aren't you going to respond?
B **I don't have anything to say.**

A 대답 안 할 거야?
B

A 대답 안 할 거야?
B 할 말이 없어.

A Aren't you going to respond?
B

05

A I'm an idiot.
B **Don't be silly.**

A 난 멍청이야.
B 뭔 소리래.

A I'm an idiot.
B **Don't be silly.**

A 난 멍청이야.
B

A 난 멍청이야.
B 뭔 소리래.

A I'm an idiot.
B

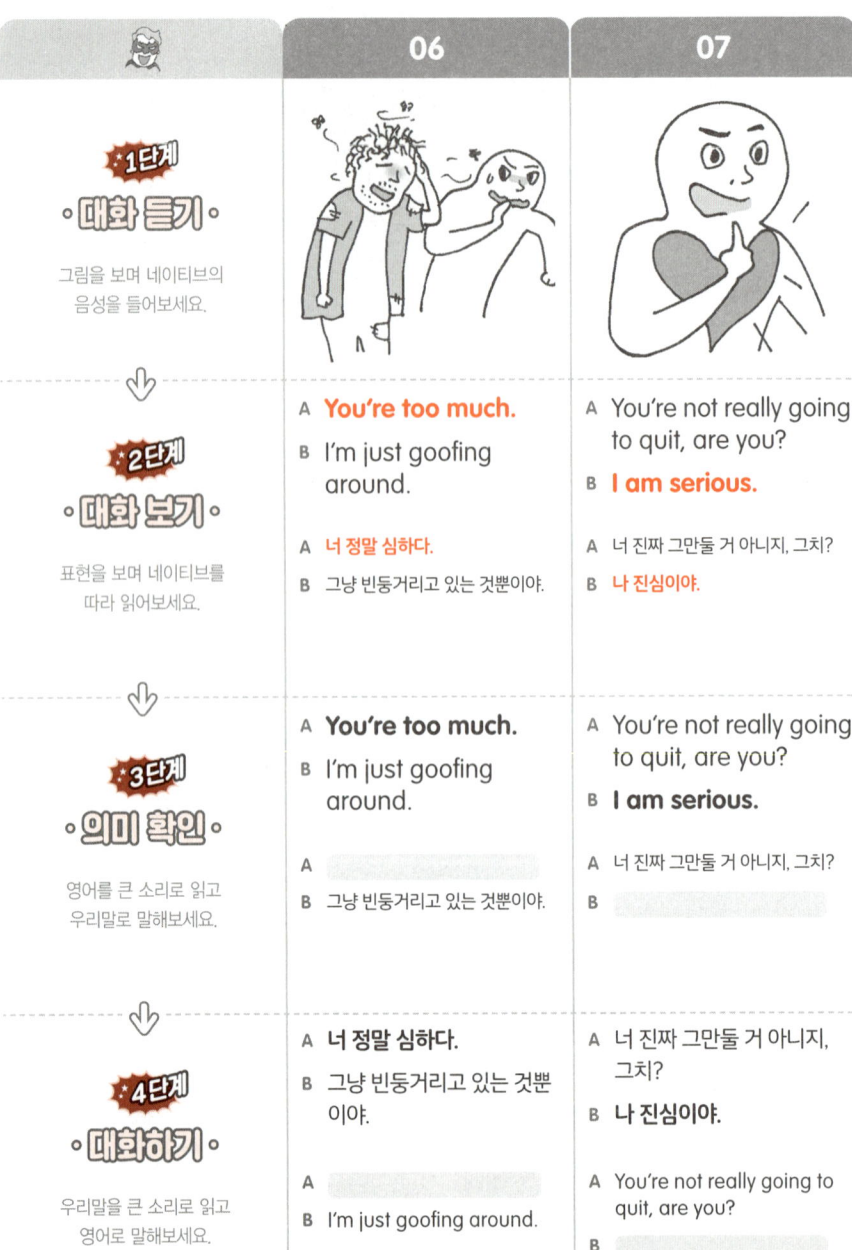

기초훈련 106~110일

08

A Sorry. What did you say?
B **Forget it.**

A 미안. 뭐라고 했어?
B 아니, 됐어. (신경 쓰지 마.)

A Sorry. What did you say?
B **Forget it.**

A 미안. 뭐라고 했어?
B

A 미안. 뭐라고 했어?
B 아니, 됐어. (신경 쓰지 마.)

A Sorry. What did you say?
B

09

A **I bombed my final exam.**
B What will you tell your folks?

A 기말 시험 망쳤어.
B 부모님한테 뭐라고 할 거야?

A **I bombed my final exam.**
B What will you tell your folks?

A
B 부모님한테 뭐라고 할 거야?

A 기말 시험 망쳤어.
B 부모님한테 뭐라고 할 거야?

A
B What will you tell your folks?

10

A **Can you touch up this photo?**
B I'm not a pro but I can try.

A 이 사진 보정돼요?
B 전문가는 아니지만 해볼 수 있어요.

A **Can you touch up this photo?**
B I'm not a pro but I can try.

A
B 전문가는 아니지만 해볼 수 있어요.

A 이 사진 보정돼요?
B 전문가는 아니지만 해볼 수 있어요.

A
B I'm not a pro but I can try.

327

배트맨 기초훈련

	551	552
1단계 •일단 듣기• 그림을 보며 네이티브의 음성을 들어보세요.		
2단계 •표현 보기• 표현을 보며 네이티브를 따라 읽어보세요.	Going up? [고잉엎?] 올라가세요?	You're better off not knowing. [유얼베럴 어프 낫노잉] 넌 모르는 게 나아.
3단계 •의미 확인• 영어를 큰 소리로 읽고 우리말로 말해보세요.	Going up?	You're better off not knowing.
4단계 •배트맨 영어• 우리말을 큰 소리로 읽고 영어로 말해보세요.	올라가세요?	넌 모르는 게 나아.

뺄으면 영어가 되는 훈련, 지금 시작해 볼까요?

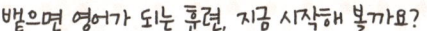 Training 111.mp3

mp3는 ▶ ▶ 3가지 속도가 변속으로 반복됩니다.

훈련영상 보기

553	554	555
You haven't been in my shoes. [유해븐빈 인마이 슈즈] 넌 내 입장이 돼 본 적 없잖아.	**Next time.** [넥숫타임] 다음 번에.	**I owe you one.** [아이 오유 원] 신세를 지네요.
You haven't been in my shoes.	Next time.	I owe you one.
넌 내 입장이 돼 본 적 없잖아.	다음 번에.	신세를 지네요.

329

배트면 기초훈련 112일

	556	557
1단계 **일단 듣기** 그림을 보며 네이티브의 음성을 들어보세요.		
2단계 **표현 보기** 표현을 보며 네이티브를 따라 읽어보세요.	**How'd it go?** [하우딧고?] 어떻게 됐어?	**The thing is I can't afford it.** [더띵이즈 아캐앤어폴딧] 문제는 내가 그만한 돈이 없다는 거야.
3단계 **의미 확인** 영어를 큰 소리로 읽고 우리말로 말해보세요.	How'd it go?	The thing is I can't afford it.
4단계 **배트면 영어** 우리말을 큰 소리로 읽고 영어로 말해보세요.	어떻게 됐어?	문제는 내가 그만한 돈이 없다는 거야.

뱉으면 영어가 되는 훈련, 지금 시작해 볼까요?

Training 112.mp3

훈련영상 보기

mp3는 느리게 ▶ 보통 ▶ 빠르게 3가지 속도가 변속으로 반복됩니다.

558

Race is a big issue.
[뤠이씨즈어 빅 이쓔]
인종 문제는 큰 이슈다.

Race is a big issue.

인종 문제는 큰 이슈다

559

You don't know what it's like.
[유돈노우 왓잇츠라잌]
넌 이게 어떤지 몰라.

You don't know what it's like.

넌 이게 어떤지 몰라

560

I've been working out lately.
[아이브빈 월킹아웃 래잇리]
나 요즘 운동해.

I've been working out lately.

나 요즘 운동해

배트면 기초훈련 113일

	561	562
1단계 일단 듣기 그림을 보며 네이티브의 음성을 들어보세요.		
2단계 표현 보기 표현을 보며 네이티브를 따라 읽어보세요.	**I feel heavy.** [아이필 헤비] 몸이 무겁네. 몸이 찌뿌둥하네.	**What time do you call it a day?** [왓타임 두유 콜리러데이?] 몇 시에 퇴근해요?
3단계 의미 확인 영어를 큰 소리로 읽고 우리말로 말해보세요.	I feel heavy.	What time do you call it a day?
4단계 배트면 영어 우리말을 큰 소리로 읽고 영어로 말해보세요.	몸이 무겁네. 몸이 찌뿌둥하네.	몇 시에 퇴근해요?

뱉으면 영어가 되는 훈련, 지금 시작해 볼까요?

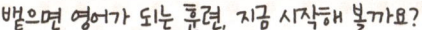 Training 113.mp3

🎧 mp3는 느리게 ▶ 보통 ▶ 빠르게 3가지 속도가 변속으로 반복됩니다.

훈련영상 보기

563	564	565
	Bonus	Bonus
What's with the face?	**I'm having a bad day.***	**Sue me!***
[왓츠 윗더풰이스?]	[암 해빙어 뱃데이]	[쑤미]
표정이 왜 그래?	오늘 기분이 꿀꿀해.	배 째!
What's with the face?	I'm having a bad day.	Sue me!
표정이 왜 그래?	오늘 기분이 꿀꿀해	배 째!

*Bonus 표현 설명은 p.367에서 확인하세요.

배트맨 기초훈련 114일

	566	567
1단계 **일단 듣기** 그림을 보며 네이티브의 음성을 들어보세요.		
2단계  **표현 보기** 표현을 보며 네이티브를 따라 읽어보세요.	**I was shocked.** [아워 샥트] **나 충격 받았어.**	**She was like, "Eww! What's this?"** [쉬워즈라익, "이우! 왓츠디쓰?"] **걔가 막 이랬어, "으웩! 이게 뭐야?"**
3단계 **의미 확인** 영어를 큰 소리로 읽고 우리말로 말해보세요.	I was shocked.	She was like, "Eww! What's this?"
4단계 **배트맨 영어** 우리말을 큰 소리로 읽고 영어로 말해보세요.	나 충격 받았어.	걔가 막 이랬어, "으웩! 이게 뭐야?"

뱉으면 영어가 되는 훈련, 지금 시작해 볼까요?

mp3는 ▶ ▶ 빠르게 3가지 속도가 변속으로 반복됩니다.

🎧 Training 114.mp3

훈련영상 보기

568	569	570

What's wrong with me?
[왓츠렁 위드미?]
내가 왜 이러지?

I feel like needles poking me.
[아필라익 니들즈 포킹미]
바늘로 콕콕 찌르는 거 같아.

He will come.
[히윌컴]
걔 올 거야.

What's wrong with me?

I feel like needles poking me.

He will come.

내가 왜 이러지?

바늘로 **콕콕** 찌르는 거 같아.

걔 올 거야.

배트맨 기초훈련 115일

	571	572
1단계 **일단 듣기** 그림을 보며 네이티브의 음성을 들어보세요.		
2단계 **표현 보기** 표현을 보며 네이티브를 따라 읽어보세요.	There is a good chance of that. [데얼즈어 굿 챈스옵댓] 그럴 가능성이 높아요.	Don't hurt yourself. [돈헐-트 유얼셀프] 자학하지 마.
3단계 **의미 확인** 영어를 큰 소리로 읽고 우리말로 말해보세요.	There is a good chance of that.	Don't hurt yourself.
4단계 **배트맨 영어** 우리말을 큰 소리로 읽고 영어로 말해보세요.	그럴 가능성이 높아요.	자학하지 마.

뱉으면 영어가 되는 훈련, 지금 시작해 볼까요?

🎧 Training 115.mp3

🎧 mp3는 ▶ ▶ 빠르게 3가지 속도가 번속으로 반복됩니다.

훈련영상 보기

573

He's just a snob.

[히이즈저스터 스납]

걘 그냥 속물이야.

He's just a snob.

걘 그냥 속물이야.

574

*Bonus

He needs a lesson.

[히 니즈어 레쓴]

걔는 좀 혼나야 해.

He needs a lesson.

걔는 좀 혼나야 해.

575

You didn't do anything wrong.

[유 디든두 애니띵 휭]

넌 잘못한 게 하나도 없어.

You didn't do anything wrong.

넌 잘못한 게 하나도 없어.

*Bonus 표현 설명은 p.367에서 확인하세요.

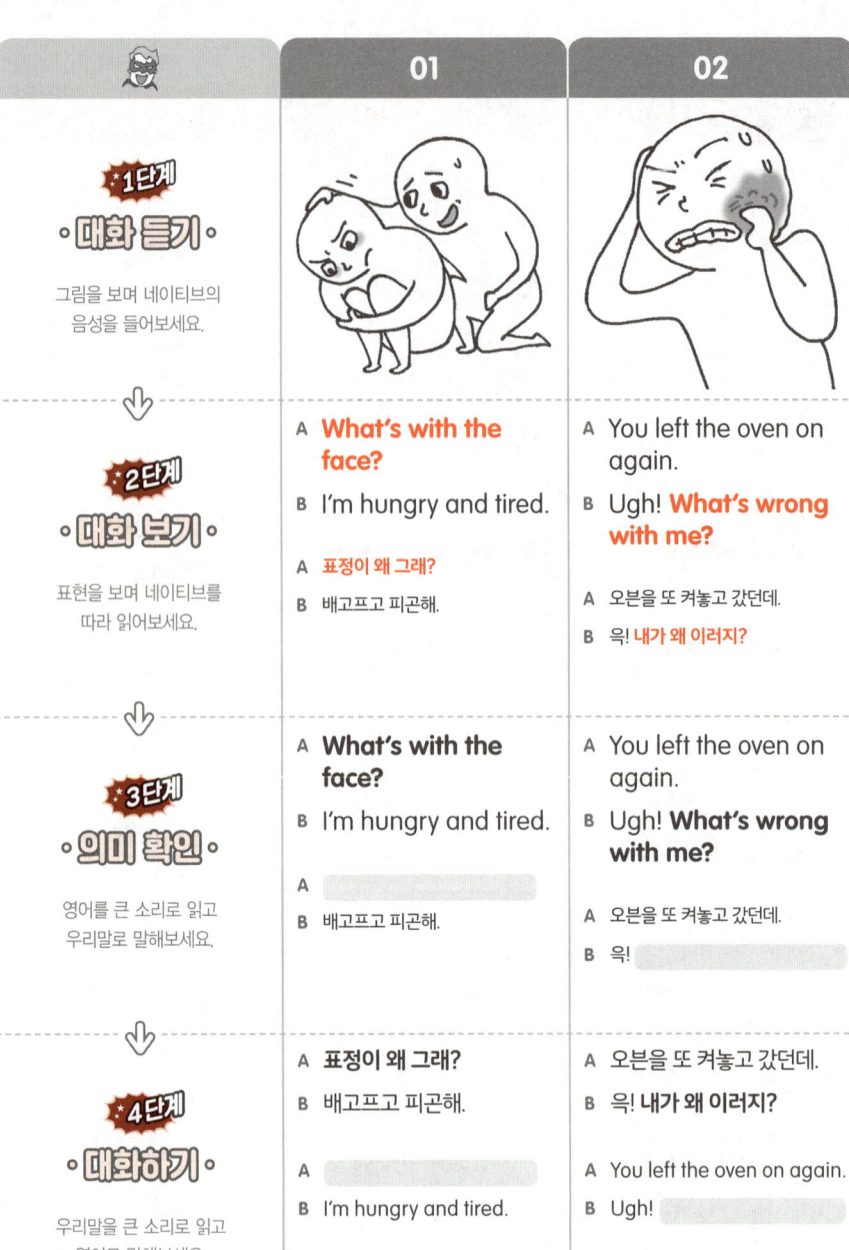

지금까지 배운 표현 자신 있게 말할 수 있나요?
실전 대화에서 확인해 보세요.

03	04	05
A **I owe you one.** B Don't worry about it. A 이렇게 신세를 지네요. B 신경 쓰지 마세요.	A There's something different about you. B **I've been working out lately.** A 너 뭔가 좀 달라진 거 같은데. B **나 요즘 운동해.**	A So, what seems to be the matter? B **It feels like needles poking me.** A (의사) 어디가 안 좋으세요? B 바늘로 콕콕 찌르는 거 같아요.
A **I owe you one.** B Don't worry about it. A B 신경 쓰지 마세요.	A There's something different about you. B **I've been working out lately.** A 너 뭔가 좀 달라진 거 같은데. B	A So, what seems to be the matter? B **It feels like needles poking me.** A (의사) 어디가 안 좋으세요? B
A 이렇게 신세를 지네요. B 신경 쓰지 마세요. A B Don't worry about it.	A 너 뭔가 좀 달라진 거 같은데. B **나 요즘 운동해.** A There's something different about you. B	A (의사) 어디가 안 좋으세요? B 바늘로 콕콕 찌르는 거 같아요. A So, what seems to be the matter? B

08

A Hey! I was just about to park there!
B Sue me!

A 저기요! 거기 내가 주차하려고 했어요!
B 난 몰라요!

A Hey! I was just about to park there!
B Sue me!

A 저기요! 거기 내가 주차하려고 했어요!
B

A 저기요! 거기 내가 주차하려고 했어요!
B 난 몰라요!

A Hey! I was just about to park there!
B

09

A Going up?
B Yes. Hold the door, please.

A 올라가세요?
B 네, 문 좀 잡아주세요.

A Going up?
B Yes. Hold the door, please.

A
B 네, 문 좀 잡아주세요.

A 올라가세요?
B 네, 문 좀 잡아주세요.

A
B Yes. Hold the door, please.

10

A I think you're overreacting.
B You don't know what it's like.

A 너 과민반응하는 거 같아.
B 넌 이게 어떤지 몰라.

A I think you're overreacting.
B You don't know what it's like.

A 너 과민반응하는 거 같아.
B

A 너 과민반응하는 거 같아.
B 넌 이게 어떤지 몰라.

A I think you're overreacting.
B

배트면 기초훈련 116일

	576	577
1단계  일단 듣기 그림을 보며 네이티브의 음성을 들어보세요.		
2단계  표현 보기 표현을 보며 네이티브를 따라 읽어보세요.	I'm into American TV these days. [아임인투 어메리컨 티비 디즈데이즈] **최근에 미드에 빠져 있어.**	My position is very uncomfortable. [마이퍼지션 이즈 붸리 언컴포러블] **내 입장이 정말 난처해.**
3단계  의미 확인 영어를 큰 소리로 읽고 우리말로 말해보세요.	I'm into American TV these days.	My position is very uncomfortable.
4단계 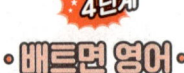 배트면 영어 우리말을 큰 소리로 읽고 영어로 말해보세요.	최근에 미드에 빠져 있어.	내 입장이 정말 난처해.

뱉으면 영어가 되는 훈련, 지금 시작해 볼까요?

🎧 mp3는 `느리게` ▶ `보통` ▶ `빠르게` 3가지 속도가 변속으로 반복됩니다.

🎧 Training 116.mp3

578	579	580
I got a hunch.	**You are so weird.**	**That's what I like about you.**
[아이 가러 헌취]	[유얼 쏘 위얼드]	[댓츠 와라이 라이커바웃 유]
감이 오는데.	너 참 이상해.	그래서 내가 널 좋아하는 거야.
I got a hunch.	You are so weird.	That's what I like about you.
감이 오는데.	너 참 이상해.	그래서 내가 널 좋아하는 거야.

배트맨 기초훈련 117일

	581	582
1단계 **일단 듣기** 그림을 보며 네이티브의 음성을 들어보세요.		
2단계 **표현 보기** 표현을 보며 네이티브를 따라 읽어보세요.	Can you get me some coffee? [캔유 겟미썸 커퓌?] 커피 좀 갖다 줄래?	You've got me. [유브갓미] 너에겐 내가 있잖아.
3단계 **의미 확인** 영어를 큰 소리로 읽고 우리말로 말해보세요.	Can you get me some coffee?	You've got me.
4단계 **배트맨 영어** 우리말을 큰 소리로 읽고 영어로 말해보세요.	커피 좀 갖다 줄래?	너에겐 내가 있잖아.

뱉으면 영어가 되는 훈련, 지금 시작해 볼까요?

🎧 mp3는 ▶ ▶ 빠르게 3가지 속도가 변속으로 반복됩니다.

🎧 Training 117.mp3

훈련영상 보기

583	584	585
You don't wanna see it.	**What do you want me to do?**	**I'm asking you to act your age.**
[유돈 워너 씨잇]	[왓루유 원미루두?]	[아임애스킹 유 트 액트유얼 애이쥐]
이거 안 보는 게 좋아.	내가 어떻게 하길 원해?	내 말은 나잇값을 하라는 거야.
You don't wanna see it.	What do you want me to do?	I'm asking you to act your age.
이거 안 보는 게 좋아.	내가 어떻게 하길 원해?	내 말은 나잇값을 하라는 거야.

배트맨 기초훈련 118일

	586	587
1단계 **일단 듣기** 그림을 보며 네이티브의 음성을 들어보세요.		
2단계 **표현 보기** 표현을 보며 네이티브를 따라 읽어보세요.	Can you get me some water since you're up? [캔유겟미 썸워러 씬스 유열업?] 일어난 김에 나 물 좀 갖다 줄래?	Today, it's on me! [투데이, 잇츠온미!] 오늘은 내가 쏜다!
3단계 **의미 확인** 영어를 큰 소리로 읽고 우리말로 말해보세요.	Can you get me some water since you're up?	Today, it's on me!
4단계 **배트면 영어** 우리말을 큰 소리로 읽고 영어로 말해보세요.	일어난 김에 나 물 좀 갖다 줄래?	오늘은 내가 쏜다!

뱉으면 영어가 되는 훈련, 지금 시작해 볼까요?

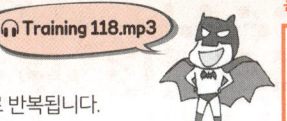

mp3는 느리게 ▶ 보통 ▶ 빠르게 3가지 속도가 변속으로 반복됩니다.

588

Bonus

Knock it off.*

[낙 키로프]

그만두세요.

589

The woman makes the man.

[더 워먼 메익쓰더 매앤]

남자는 여자 하기 나름이지.

590

I was born for this.

[아워즈 본 폴디쓰]

이게 제 체질에 맞아요.

Knock it off.

The woman makes the man.

I was born for this.

그만두세요.

남자는 여자 하기 나름이지.

이게 제 체질에 맞아요.

---

*Bonus 표현 설명은 p.367에서 확인하세요.

배트맨 기초훈련 119일

	591	592
1단계 **일단 듣기** 그림을 보며 네이티브의 음성을 들어보세요.		
2단계 **표현 보기** 표현을 보며 네이티브를 따라 읽어보세요.	**Love is always on the move.** [럽이즈 얼웨이즈 온 더무브] **사랑은 움직이는 거야.**	**Are you out of your mind?** [알유 아우로브 유얼마인드?] **너 제정신이니?**
3단계 **의미 확인** 영어를 큰 소리로 읽고 우리말로 말해보세요.	Love is always on the move.	Are you out of your mind?
4단계 **배트면 영어** 우리말을 큰 소리로 읽고 영어로 말해보세요.	사랑은 움직이는 거야.	너 제정신이니?

뱉으면 영어가 되는 훈련, 지금 시작해 볼까요?

🎧 mp3는 느리게 ▶ 보통 ▶ 빠르게 3가지 속도가 변속으로 반복됩니다.

훈련영상 보기

593	594	595
My face is so puffy.	**Those are my words.**	**You don't have to apologize.**
[마이 페이시즈 쏘 펍휘]	[도즈알 마이월즈]	[유돈 햅투 어팔러좌이즈]
나 얼굴이 많이 부었어.	그건 내가 할 소리야.	사과할 것까지야.
My face is so puffy.	Those are my words.	You don't have to apologize.
나 얼굴이 많이 부었어.	그건 내가 할 소리야	사과할 것까지야.

배트맨 기초훈련 120일

	596	597
1단계 **일단 듣기** 그림을 보며 네이티브의 음성을 들어보세요.	(그림)	(그림)
2단계 **표현 보기** 표현을 보며 네이티브를 따라 읽어보세요.	**What kind of sources you got?** [왓카인덥 쏠씨즈 유갓?] **대체 그런 이야긴 어디서 들었어?**	**Let's just be friends.** [렛쯔 저슷비 프렌즈] **그냥 친구로 지내자.**
3단계 **의미 확인** 영어를 큰 소리로 읽고 우리말로 말해보세요.	What kind of sources you got?	Let's just be friends.
4단계 **배트면 영어**  우리말을 큰 소리로 읽고 영어로 말해보세요.	대체 그런 이야긴 어디서 들었어?	그냥 친구로 지내자.

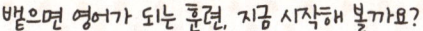 

뱉으면 영어가 되는 훈련, 지금 시작해 볼까요?

🎧 mp3는 ▶ ▶ 3가지 속도가 변속으로 반복됩니다.

598	599	600
I'm not in the mood.	**I see what you mean.**	**Sounds like a match made in heaven.**
[아임낫인더 무드]	[아이씨 왓츄미인]	[사운즈 라익커 매치 매이드인해븐]
나 그럴 기분 아니야.	무슨 말인지 알겠어.	천생연분인 것 같은데.
I'm not in the mood.	I see what you mean.	Sounds like a match made in heaven.
나 그럴 기분 아니야	무슨 말인지 알겠어	천생연분인 것 같은데

중간점검 24

기초훈련 116~120일

	01	02
**1단계** ·대화 듣기· 그림을 보며 네이티브의 음성을 들어보세요.		
 **2단계** ·대화 보기· 표현을 보며 네이티브를 따라 읽어보세요.	A **You work too hard.** B **I was born for this.** A 넌 일을 너무 열심히 해. B 이게 내 체질에 맞아.	A **Can you get me some coffee?** B **Sure. Hot or iced?** A 커피 좀 갖다 줄래? B 그래. 뜨거운 거 아님 차가운 거?
 3단계 ·의미 확인· 영어를 큰 소리로 읽고 우리말로 말해보세요.	A **You work too hard.** B **I was born for this.** A 넌 일을 너무 열심히 해. B	A **Can you get me some coffee?** B **Sure. Hot or iced?** A B 그래. 뜨거운 거 아님 차가운 거?
 **4단계** ·대화하기· 우리말을 큰 소리로 읽고 영어로 말해보세요.	A 넌 일을 너무 열심히 해. B 이게 내 체질에 맞아. A You work too hard. B	A 커피 좀 갖다 줄래? B 그래. 뜨거운 거 아님 차가운 거? A B Sure. Hot or iced?

지금까지 배운 표현 자신 있게 말할 수 있나요?
실전 대화에서 확인해 보세요.

 Dialogue 24.mp3

03

A **Should I apologize to him?**
B **You don't have to apologize.**

A 내가 걔한테 사과해야 하나?
B 사과할 것까지야.

A Should I apologize to him?
B You don't have to apologize.

A 내가 걔한테 사과해야 하나?
B

A 내가 걔한테 사과해야 하나?
B 사과할 것까지야.
A Should I apologize to him?
B

04

A **What kind of sources you got?**
B **I googled them.**

A 대체 그런 이야긴 어디서 들었어?
B 구글 검색했지.

A What kind of sources you got?
B I googled them.

A
B 구글 검색했지.

A 대체 그런 이야긴 어디서 들었어?
B 구글 검색했지.
A
B I googled them.

05

A **What makes you think they'll get back together?**
B **I got a hunch.**

A 왜 걔네들이 다시 합칠 거라고 생각해?
B 느낌이 그래.

A What makes you think they'll get back together?
B I got a hunch.

A 왜 걔네들이 다시 합칠 거라고 생각해?
B

A 왜 걔네들이 다시 합칠 거라고 생각해?
B 느낌이 그래.
A What makes you think they'll get back together?
B

기초훈련 116~120일

08

A **You are so weird.**
B Then, I suppose you're perfectly normal?

A 너 참 이상해.
B 그럼, 넌 완전 정상이고?

A **You are so weird.**
B Then, I suppose you're perfectly normal?

A
B 그럼, 넌 완전 정상이고?

A 너 참 이상해.
B 그럼, 넌 완전 정상이고?
A
B Then, I suppose you're perfectly normal?

09

A I'm gonna buy this suit.
B **Are you out of your mind?** It's 3000 dollars!

A 이 양복 사야지.
B 당신 미쳤어? 이거 3천달러라구!

A I'm gonna buy this suit.
B **Are you out of your mind?** It's 3000 dollars!

A 이 양복 사야지.
B
이거 3천달러라구!

A 이 양복 사야지.
B 당신 미쳤어? 이거 3천달러라구!
A I'm gonna buy this suit.
B
It's 3000 dollars!

10

A I'd like to be your boyfriend.
B No, **let's just be friends.**

A 너의 남자친구가 되고 싶어.
B 아니, 그냥 친구로 지내자.

A I'd like to be your boyfriend.
B No, **let's just be friends.**

A 너의 남자친구가 되고 싶어.
B

A 너의 남자친구가 되고 싶어.
B 아니, 그냥 친구로 지내자.
A I'd like to be your boyfriend.
B

특별 부록

배트맨 영어회화 Bonus 쿠폰

보다 자신 있고 완벽한 영어회화를 위해 앞에서 배운
주요 표현들의 용법을 자세한 설명과 함께 정리했습니다.

 ← 가위로 오려서 해당 표현을 공부할 때 함께 활용하세요!

● 1일 p.021

What have you been up to?

이 표현은
- 글자 그대로 '무슨 일이 있냐?' 혹은 '무슨 작당 모의하냐?'라는 의미로도 쓰이지만, 오랜만에 만난 친구에게 '그 동안 잘 지냈냐? 어떻게 지냈냐?'고 안부 인사를 물을 때도 곧잘 쓰입니다.

● 2일 p.022

We better eat something before the meeting.

We better은
- We had better ~에서 had가 생략된 모양입니다. '~하는 게 좋을 것 같다'는 선택이 아니라 '~해야겠다, 안 하면 안 되겠다'는 어감의 표현이죠.

● 4일 p.027

I gotta go.

이 표현은
- 만남이나 모임에서 자리를 뜰 때뿐만 아니라 전화를 끊을 때 '이만 전화 끊어야겠어요.'란 의미로도 쓰입니다.
- gotta는 have got to의 줄임말로, have to의 구어체 표현이죠.

● 5일 p.029

It's a 10-minute walk.

'걸어서 ~분 거리'는
- <a 숫자-minute walk>로 표현합니다.
- <숫자-minute>가 뒤의 명사 walk를 꾸며주는 형용사 역할을 합니다.
- 이런 경우 숫자가 2 이상이더라도 '분'을 나타내는 minute는 단수로 씁니다.

● 10일 p.043

She's something else.

something은
- 뭔가 '특별한 데가 있다'고 할 때도 쓰이는 특별한 단어입니다. 여기에 else를 붙이면 특별한 게 조금 더 강조돼서 '남다르다'는 어감이 짙어지죠. 영화 <메리에겐 뭔가 특별한 것이 있다(There's Something about Mary)>에도 바로 이 something이 쓰였습니다.

● 12일 p.050

How do I look?

이 표현은
- 머리를 새로 했다거나 옷을 새로 사 입었다거나 화장을 좀 신경 써서 했다거나 혹은 옷 가게에 가서 옷을 한번 입어볼 때 등등, 이런 경우 상대에게 내 모습이 어떠냐고 물어보는 표현입니다.

12일   p.051

That's it?

이 표현은
- '그게 다야?'라는 의미로, 우리말도 여러 상황에서 이 말을 두루두루 쓰듯 영어도 마찬가지입니다. 퇴근길에 뭐 좀 사 오라고 부탁하는 아내에게 그게 다냐, 다른 거 더 필요한 거 없냐는 의미로도 쓸 수 있고, 업무 보고를 마친 팀원에게 그게 다냐, 그 밖에 다른 건 없냐고 확인할 때도 쓸 수 있죠.

13일   p.052

So am I.

이 표현은
- 상대방이 He's a student.(쟤는 학생이에요.)처럼 <주어 + be동사>로 하는 말에 대해 '저도 그래요.'라고 맞장구 칠 때 쓸 수 있습니다.
- 이 밖의 경우에는 So do I.를 쓰죠.

13일/104일   p.052, 306

After you.

이 표현은
- 상대방에게 먼저 하라고 정중하게 양보할 때 쓰는 매너 가득한 말입니다. 예컨대 버스를 탈 때 나이 많은 어르신에게 '먼저 타세요.'라며 약자를 우선으로 하는 매너를 보이고 싶다면 바로 After you.라고 하면 된다는 거죠.
- 또한 길을 양보하며 먼저 가시라고 할 때도 After you.라고 하면 됩니다.

14일   p.055

It's none of your business.

이 표현은
- 글자 그대로 보면 '네 일이 아니다'이죠. 즉, 네가 상관하거나 신경 쓸 바 아니라는 의미로 하는 말입니다. 영화 <친절한 금자씨>에서 금자 씨가 말해서 한동안 유행했던 "너나 잘하세요."랑 같은 어감의 표현이죠.

16일   p.063

So do I.

이 표현은
- 상대방이 I love chocolate.(난 초콜릿이 너무 좋아요.)처럼 <주어 + 일반동사>로 하는 말에 대해 '저도 그래요.'라고 맞장구 칠 수 있습니다.

24일   p.083

Take a stance.

stance는
- 어떤 상황이나 일을 바라보는 '입장, 태도'를 의미합니다. 따라서 Take a stance.는 상대방에게 '줏대를 가지고 입장을 분명히 하라'고 할 때 쓰는 표현이죠.

● **25일** p.084

You are focused.

이 표현은
- 목표가 생기면 딱 집중해서 그 목표를 향해 전진한다는 의미입니다.
- '집중력이 좋다'는 의미로도 쓰이죠.

● **28일** p.095

Honey, I'm home.

I'm home.은
- 학교나 회사에 다녀와서 혹은 바깥일을 보고 나서 집에 들어오면서 쓰는 말입니다.
- 그냥 Home.이라고도 많이 말하죠.

● **31일** p.104

I'm single.

single은
- '미혼'이라고 할 때 I'm single. / He's single.과 같이 씁니다. 물론 '돌싱(이혼해서 다시 싱글로 돌아온 사람)'인 경우도 포함하는 표현이죠.

● **31일/63일** p.105, 193

Let's get down to business.

이 표현은
- '이제 본격적으로 일을 해보자.'는 의미입니다. 회의석상에서 '이제 본론으로 들어갑시다.'라고 할 때도 바로 이 표현을 쓰죠.

● **32일/66일** p.106, 202

Say cheese!

이 표현은
- 사진을 찍을 때 웃으라는 의미로 우리가 '김치!' 하고 말하는 것과 똑 같은 맥락의 표현입니다. 우리는 '김치-!' 하면서 웃지만, 영어로는 '치즈-!' 하면서 웃는 거죠.

● **32일** p.107

I'm pissed off.

be pissed off는
- be angry(화나다)의 속어. 우리말의 '무지하게 열 받는다'에 딱 떨어지는 표현이죠. 우리도 일상생활에선 이런 속어를 더 많이 쓰지만, 그래도 점잖은 자리나 예의를 갖춰야 하는 자리에선 이런 말을 가급적 쓰지 않듯 영어도 마찬가지입니다. 또한 영어권 국가의 어른들도 우리랑 다르지 않게 어린아이들이 이런 표현을 쓰는 것을 곱게 보지 않는 경우가 많죠.

32일 p.107

Never say die.

이 표현은
- 글자 그대로 정말 진지하게 '죽는다는 소리 말라'고 할 때도 쓸 수 있지만, 일상생활에서 이런 상황을 맞닥뜨리는 경우는 사실 많지 않죠. 보통은 죽겠다고 죽겠다고, 힘들다고 힘들다고, 못하겠다고 못하겠다고 징징대거나 툴툴대는 사람에게 '죽는 소리 말라, 앓는 소리 말라'는 의미로 쓸 일이 더 많은 표현입니다.

33일 p.108

Next time.

이 표현은
- 영화 보러 가자거나 같이 놀자고 권하는 상대의 제안을 거절할 때 '다음 번에'라고 하면서 간단히 쓸 수 있습니다.
- 어떤 일을 시도했는데 실패한 사람에게도 '다음 기회에'라는 의미로 쓸 수 있고, 뭔가를 사달라고 떼쓰는 아이에게 '다음에 사줄게'라는 의미로도 간단하게 쓸 수 있는 표현이죠.

34일 p.111

Let's go over it.

go over은
- 문서나 보고서를 '다시 살펴본다, 검토한다'는 의미로 쓰이는 숙어 표현입니다. 따라서 Let's go over it. 하면 문서나 보고서를 가리키면서 '살펴보자, 검토해보자'고 할 때 흔히 쓰는 말인 거죠.

36일/76일 p.118, 231

Keep your chin up.

이 표현은
- 글자 그대로 보면 고개(chin)를 빳빳이 들고(up) 있으라는 건데요, 어떤 일에 낙담하거나 기운 빠져 있는 친구에게 낙담하지 말고 '기운 내'라는 의미로 격려하거나 위로할 때 많이 쓰는 말입니다.

42일 p.134

Would you do me a favor?

이 표현은
- '부탁 하나 좀 들어주시겠어요?' 하면서 상대에게 뭔가 부탁할 일이 있을 때 운을 떼는 표현으로 쓰이는 말입니다. 이 말 뒤에 구체적인 부탁 내용을 말하는 게 보통이죠.
- 하지만 본 책의 그림에서 보는 것처럼 누가 봐도 도움이 필요한 상황에서 이 말을 건넨다면 '좀 도와주시겠어요?'라는 의미로 바로 통하는 거죠.

45일 p.140

How about we discuss it now?

How about ~?은
- 원칙적으로 뒤에 명사가 와서 '~ 어때?', 동명사가 와서 '~하는 게 어때?'라는 제안의 의미로 쓰인다고 배웁니다. 하지만 실제 생활을 들여다보면 이처럼 뒤에 문장을 넣어 말하는 경우도 자주 접할 수 있습니다.

● **46일** p.147

I'll keep it short.

이 표현은
- '긴 말 않고 짧고 간단하게 설명하겠다'고 할 때 흔히 쓰입니다.

● **47일** p.148

Business is business.

이 표현은
- '공과 사는 구별해야지.' 즉 우리도 흔히 말하는 '일은 일이니까.'라는 의미인 거죠.

● **47일** p.149

How may I help you?

이 표현은
- 회사나 상점에 찾아온 손님에게 비서나 점원이 '어떻게 오셨죠?'라고 정중하게 물어볼 때 쓰는 말입니다.
- 회사나 상점으로 전화를 걸어온 손님에게도 '무엇을 도와드릴까요? 어떤 일이십니까?'라고 정중하게 용건을 물어볼 때 쓰죠.

● **49일** p.152

Are you all set to go?

이 표현은
- 어떤 일을 '시작할 준비가 다 됐냐?'고 물어볼 때뿐만 아니라, 길을 나설 채비가 다 됐냐고, 즉 글자 그대로 '갈 준비가 다 됐냐?'고 물어볼 때도 쓸 수 있습니다.

● **51일/83일** p.161, 248

We did everything by the book.

by the book은
- '교과서대로', 즉 '원칙대로'라는 의미의 비유적인 표현입니다. 따라서 We did everything by the book.이라고 하면 '우리는 교과서대로, 즉 원칙대로 다 했다'는 의미인 거죠.

● **52일** p.162

Take your time.

이 표현은
- 어떤 일을 하는 데 '서두르지 말고 충분히 시간을 갖고 하라'는 의미로 쓰는 여유와 배려가 묻어나는 표현입니다.

가로로 오려서 해당 표현을 공부할 때 함께 활용하세요!

53일 p.165

What is it?

이 표현은

- 글자 그대로 '그게 뭐냐?'고 물어볼 때도 쓸 수 있고, 뭔가 용건이 있어서 말을 거는 사람에게 '무슨 일인데?' '왜?'라고 응수할 때도 흔히 쓰는 말입니다. 부하 직원이 상사의 문을 두드리면 상사가 '무슨 일이냐?'며 이 표현을 건네죠.

54일 p.166

I brown-bagged my lunch today.

brown-bag은

- 갈색 종이 봉투(brown bag)에서 비롯된 표현입니다. 즉 영어권 사람들은 예전에는 보통 갈색 종이 봉투에 샌드위치나 햄버거 등을 싸왔죠. 이런 문화적 특성이 영어에 그대로 담겨 도시락을 '싸 갖고 온다'는 의미로 brown-bag을 쓰게 된 것입니다.

58일 p.178

I get the picture.

이 표현은

- '뭔지 알겠다, 이해가 된다'는 의미로 쓰는 말입니다. 우리도 어떤 일을 이해했을 때 '그림이 보인다, 무슨 그림인지 알겠다'라고 말하는 것처럼 영어도 이와 같은 맥락으로 get the picture라는 표현을 쓰는 것이죠.
- 동사 get이 무언가를 '이해한다'는 의미로 흔히 쓰인다는 사실도 함께 알아두세요.

58일 p.179

Let's call it a day.

call it a day는

- '오늘 일은 여기까지 끝낸다'는 의미의 숙어 표현입니다. 따라서 '오늘은 이까지만 합시다', '오늘은 그만 합시다', '그만 퇴근합시다' 등등의 말을 하고 싶을 땐 이 표현을 써서 Let's call it a day.라고 말하면 되죠.

59일 p.181

Let's wait and see.

이 표현은

- '어디 한번 두고 보자'는 의미이죠. 우리말도 이를 부득부득 갈며 어디 두고 보자라고 쓸 때도 있고, 그냥 상황을 한번 지켜보자는 의미로 평범하게 말할 때도 이렇게 쓰듯 영어도 마찬가지입니다.

65일 p.196

How do you like it here?

이 표현은

- 새로 이사온 사람이나 여행 온 사람에게 '여기서 지내 보니 어떠세요?' '이 동네 어때요?'라는 의미로 곧잘 쓰는 말입니다.
- 그림에서처럼 단골로 어떤 가게를 이용하는 것처럼 보이는 친구에게 '여기 어떠냐?' '여기 좋아하냐?'는 의미로도 물어볼 수 있는 표현이죠.

● **67일** p.205

Welcome home!

이 표현은
- 집에 손님을 맞이하면서 쓸 수 있는 말입니다.
- 뿐만 아니라 학교 갔다 돌아온 아이, 회사 갔다 돌아온 남편에게도 쓸 수 있는 표현이죠.
- 여행을 떠났다 다시 사는 곳으로 돌아온 친구나 가족, 타지에서 지내다 고향으로 돌아온 사람을 반갑게 맞아줄 때도 자주 씁니다.

● **68일** p.206

I looked fat.

이 표현은
- 보통 여자들이 부어 보인다고 할 때 쓰는 말입니다. TV나 사진 속 자신의 모습이 실제보다 뚱뚱해 보였다고 느낄 때 흔히 쓰는 표현이죠.

● **68일** p.207

How pathetic!

pathetic은
- 사람이 참 찌질하고 모질이 같아서 '불쌍하고 애처롭고 안됐다'는 마음이 들거나, 뭔가 병적으로 유약하고 안돼 보여서 '짠한' 마음이 들 때 쓰는 표현입니다.

● **68일** p.207

Maybe some other time.

이 표현은
- 저녁을 같이 먹자거나 파티에 오라거나 하는 등의 제안이나 초대를 부드럽게 거절할 때 쓰기 좋습니다. 맘에 안 내키든 사정이 여의치가 않든 어쨌거나 거절을 해야 할 때가 있죠. 그럴 때 Maybe some other time.이라고 말한 다음, 거절할 수밖에 없는 이유까지 덧붙여주면 완벽한 대답이 되죠.

● **71일** p.216

Get real!

이 표현은
- 현실감 없이 엉뚱한 데 정신을 팔고 있거나 허황된 꿈을 꾸는 친구에게 '꿈 깨고 정신 차려라!', '현실감 좀 가져라!', '현실을 똑바로 봐라!'라는 의미로 던지는 말입니다.

● **71일** p.217

Enough is enough.

이 표현은
- '그만하면 됐다', '작작 좀 해'라는 의미입니다. 우리말에서도 느껴지듯 끊임없이 잔소리를 해대거나 끊임없이 약 올리며 괴롭히거나, 뭔가 거슬리는 행동을 계속 반복해서 하는 친구에게 던질 수 있는 한마디 표현이죠.

73일 p.220

Come on.

이 표현은
- '빨리, 어서어서!'라며 서두르라고 종용할 때 쓸 수 있죠.
- 슬퍼하거나 낙담하는 친구, 또는 삐친 친구에게 '에이 왜이래', '그러지 말고', '기운 내' 등과 같이 격려하거나 기분을 다독여줄 때도 씁니다.
- 믿지지 않는 말을 하는 친구에게 '에이, 무슨', '그럴 리가'라며 믿을 수 없다는 어감을 전할 때도 쓰죠.

77일 p.232

Can't argue with that.

이 표현은
- '그 문제로 왈가왈부할 필요가 없다'는 건데요, 이 말 인즉슨 '두말하면 잔소리다', '말하나마나 그렇다'는 의미입니다.

78일 p.234

I will get it.

이 표현은
- 전화가 울릴 때는 '내가 받을게.'라는 의미로 쓸 수 있고, 초인종이 울릴 때는 '내가 나가 볼게.'라는 의미로 쓸 수 있습니다. 간단한 한마디지만 배려와 친절함을 양껏 발휘할 수 있는 표현이죠.

78일 p.235

Amazing.

이 표현은
- 굉장히 훌륭하거나 멋진 것을 접했을 때 그에 대한 놀라움과 경이로움을 나타내는 감탄사입니다. 따라서 상황에 따라 '신기하다', '멋지다', '굉장하다', '끝내준다', '놀랍다' 등의 의미로 모두 사용할 수 있죠.

79일 p.236

Hang in there.

이 표현은
- 목표를 향해 열심히 달려가던 친구가 너무 지치고 힘들어서 당장이라도 포기하려는 듯한 모습을 비칠 때 '조금만 더 참고 버티라'며 독려하고 격려해주는 힘이 되는 말입니다.

80일 p.239

That's just ridiculous!

이 표현은
- 터무니없는 소리를 들었을 때 '말도 안 돼, 웃기지 마'라는 의미로 던지는 말입니다. 우리말의 '김밥 옆구리 터지는 소리 하고 있네!'도 바로 That just ridiculous! 이죠.

83일 p.249

Get out of my way.

이 표현은
- 길을 막지 말고 비켜달라고 할 때 쓰는 말입니다. 우리도 이런 말을 꼭 눈에 보이는 길만 가지고 쓰지 않듯 영어도 마찬가지이죠. 내가 하려는 일에 '방해하지 말라'며 '그래 봤자 난 내 길을 갈 테다'라는 진취적인 의지를 내비칠 때도 쓰죠.

85일 p.252

I have a long way to go.

have a long way to go는
- '갈 길이 멀다'는 의미입니다. 실제 길을 두고도 쓸 수 있지만, 어떤 일을 해나가는 데 있어서 아직 갈 길이 멀다는 비유적인 의미로도 자주 쓰는 표현이죠.

85일 p.253

It's not like you did anything wrong.

It's not like ~는
- 뒤에 완전한 문장을 써서 '~라는 건 아니야', '~인 것도 아니면서 뭘'이라는 어감을 전달하는 표현입니다.

86일 p.259

Be my guest.

이 표현은
- 가령 나의 물건을 좀 써도 되냐고 부탁하는 상대에게 흔쾌히 그러라며 승낙하는 말입니다. 우리말의 '그러세요', '그렇게 하세요', '좋을 대로 하세요' 등에 해당되는 표현이죠.

87일 p.260

Get the picture.

이 표현은
- 어떤 일이나 상황에 대해 설명을 쭉 해준 나중에 니세 뭔가 그림이 좀 보이냐, 이해가 되냐는 의미로 건네는 말입니다.

87일 p.261

Be punctual!

이 표현은
- 미팅이나 약속 등에 늦지 말고 시간 잘 엄수해서 오라고 미리 이야기할 때 곧잘 쓰입니다.

88일   p.263

I envy you.

이 표현은

- 뭔가 잘하는 것을 보고 상대를 부러워할 때 쓰는 말입니다. 우리는 사실 다른 사람의 외모를 보고 부러움을 표현할 때가 많지만, 영어권 사람들은 외모에 관해서는 이 표현을 잘 안 쓰죠.

92일   p.275

Don't overdo it.

이 표현은

- 글자 그대로 '오버하지 말라'는 뜻이죠. 별것도 아닌 일에 오버해서 호들갑을 떠는 사람에겐 '엄살 좀 피우지 마'란 의미로 쓸 수 있고, 너무 오버해서 무리하게 뭔가를 하는 사람에겐 '무리하지 마'란 의미로 쓸 수 있죠.

100일   p.295

That will be the day.

이 표현은

- '그렇게 되면 오죽 좋겠냐'며 뭔가를 간절히 소망하는 마음을 나타낼 때 쓰는 말입니다.

101일   p.301

Be patient.

이 표현은

- 뭔가 인내해야 하거나 기다려야 할 때 '좀 참고 기다리라'는 의미로 쓰는 말입니다. 안절부절 못하고 조급하게 구는 사람에게도 쓰기 좋은 표현이죠.

103일   p.304

Behave yourself.

이 표현은

- 무례하게 굴거나 문제 일으키지 말고, '점잖게 행동 잘 하라'며 조심시킬 때 쓰는 말입니다. 교실이나 공공장소에서 떠드는 아이에게, 졸업파티나 남의 집에 초대되어 가는 아이에게, 또는 어려운 고객을 만나러 가는 동료나 부하직원에게 Behave yourself.라고 말할 수 있죠.

108일   p.318

Call me ASAP.

ASAP는

- as soon as possible의 약자로, '가능한 빨리'라는 의미입니다. 알파벳을 하나하나 읽어서 [애이에스에이피]라고 발음하는 사람도 있고, [애이쌥]이라고 발음하는 사람도 있습니다.

가위로 오려서 해당 표현을 공부할 때 함께 활용하세요!

109일 p.321

Don't be silly.

이 표현은
- 싱거운 소리나 행동을 하는 사람에게, 또는 멍청한 소리나 행동을 하는 사람에게 '참 싱겁게 군다', '참 멍청한 소리 하고 있다'는 정도의 어감을 나타내는 말입니다.

110일 p.323

Forget it.

이 표현은
- '별일 아니니까, 혹은 됐으니까 신경 끄라'는 의미입니다. 가령 내가 무슨 말을 꺼내려다 말았을 때 상대가 뭐냐며 물어보겠죠? 이럴 때 Forget it.이라고 한마디 던지면 하고 싶지 않은 얘기는 다시 꺼내지 않아도 되죠. 또 감사나 미안함을 전하는 사람에게도 신경 쓰지 말라는 의미로 Forget it.이라고 할 수 있죠.

113일 p.333

I'm having a bad day.

have a bad day는
- '힘든 하루이다, 일진이 사납다'는 의미입니다. 따라서 I'm having a bad day.라고 하면 지금 힘든 하루를 보내고 있으니 기분이 좋을 리가 없겠죠. 그래서 '오늘 기분이 꿀꿀하다'는 의미로까지 쓰이게 됩니다.

113일 p.333

Sue me.

이 표현은
- 글자 그대로 보면 '나를 고소해'이지만, 진짜 고소하라는 의미이기보다는 '배 째'라며 '나 몰라라' 하는 투의 말입니다.

115일 p.337

He needs a lesson.

이 표현은
- 건방지게 굴거나 못된 짓을 자꾸 하는 사람을 두고 정신 차리게 '쟤 혼 좀 나야겠다', '매운 맛 좀 봐야겠다'라는 의미로 하는 말입니다.

118일 p.347

Knock it off.

이 표현은
- 그럴 기분이 아닌데 자꾸 장난을 걸거나 집적대는 사람에게, 또는 신경에 거슬리는 행동을 계속 하는 사람에게 '그만 좀 하라'는 의미로 쓰는 말입니다.

✳ MISSION COMPLETE ✳

배트면 영어회화 미션 성공!

이제 네이티브들이 매일같이 쓰는
생활회화 600여 문장이 모두
여러분의 것이 되었습니다!

Congratulations!

객관식 문제만 찍어도 입이 트인다!
영어회화 벼락치기

부록
· 저자 음성강의
· 스피킹 훈련용 mp3
· 휴대용 워크시트

김재헌 지음 | 각 권 11,000원

20일 안에 600표현 단숨에 익히기!

하루 15분, 단 2개월이면 기초 일상회화부터
공인시험, 비즈니스 영어 1800표현 완벽 마스터

난이도	첫걸음 **초급** 중급 고급	시간	하루 15분, 20일
대상	단기간에 집중적으로 영어회화를 배우고 싶은 누구나	목표	기초 회화부터 공인시험, 비즈니스까지 영어로 내 생각 자신 있게 말하기

영어회화 무작정 따라하기

부록
프리토킹 워크북

특별 서비스
· mp3 파일 무료 제공
· 저자 음성강의 무료 제공

오석태 지음 | 352쪽 | 15,000원

영어 초보자도 100일이면 다시 태어난다!

25개 핵심동사와 75개 핵심패턴으로
100일이면 영어 말문이 열린다!

난이도	첫걸음 **초급** 중급 고급	기간	100일
대상	탄탄한 영어 기본기를 다지고 싶은 독자	목표	기본동사와 핵심패턴으로 하고 싶은 말을 자유자재로 만들기